Sven Steenberg
Sie nannten mich »GOSPODIN...«

Sven Steenberg
Sie nannten mich »GOSPODIN...«
Erinnerungen eines Baltendeutschen 1941-1945

Mit 9 Dokumenten und 26 Abbildungen

Langen Müller

Bildnachweis

Alle Fotos aus dem Privatarchiv des Verfassers

Das Foto auf dem Schutzumschlag zeigt die Partisanen-Abteilung »Kulikow« im Jahre 1943

in der F. A. Herbig Verlagsbuchhandlung
München · Berlin

Umschlaggestaltung: Christl Aumann, München
Satz: Filmsatz Schröter GmbH, München
Gesetzt aus 10.5/13 Times auf Linotronic 300
Reproduktion des Bildteils:
Graph. Atelier Krah, München
Druck und Binden: Mohndruck
Graphische Betriebe GmbH, Gütersloh
Printed in Germany 1991
ISBN 3-7844-2376-0

Meinen russischen
und deutschen Kameraden
der Jahre 1941–1945
in Dankbarkeit
gewidmet

Inhalt

Vorwort

Als Dolmetscher mit besonderen Aufträgen, die weit über das hinausgingen, was normalerweise ein Dolmetscher tun muß, hatte ich ungewöhnliche Möglichkeiten, die Situation in den besetzten Gebieten und die verhängnisvollen Auswirkungen der Hitlerschen Ostpolitik kennenzulernen. Meine Erlebnisse erhellen eine bisher nur wenig bekannte Seite des Krieges und zeigen die schwierige Lage vieler Offiziere im Osten, die zwischen unsinnigen Befehlen der NS-Führung und ihrem Gewissen auf einem schmalen Grat wandeln mußten.

Deshalb denke ich seit langem daran, einiges von dem niederzuschreiben, was ich im Kriege erlebte, denn erst die Kenntnis dessen, wie Zeitgenossen die Wirklichkeit erlebten, wie sie reagierten, was sie bewegte, läßt historische Fakten plastisch werden, kann sie späteren Generationen verständlicher machen. Dabei folge ich einem alten klassischen Grundsatz der Geschichtsschreibung: erzählen, was gewesen ist.

Es drängt mich aber auch zu dieser Niederschrift – und das ist ein ganz persönlicher Grund –, weil ich hoffe, auf diese Weise Begebenheiten, die mich damals sehr berührten, einmal in ihrer natürlichen Reihenfolge und Bedeutung geordnet und mit einer gewissen Distanz überblicken zu können.

Im April 1991 *Sven Steenberg*

I

Brjansk – Ordzonikidegrad

(Februar 1942 – September 1943)

Beim Stab der 2. Panzerarmee

Im Krieg ist alles Zufall oder, wenn man will, Schicksal. Bedingungslos müssen Befehle ausgeführt werden, obwohl sie nicht immer weise sind. Bestürzend die unbeschränkte Macht einzelner im Krieg; von einem ungenauen Befehl, einer Laune, von einem Minderwertigkeitskomplex hängen manchmal Tod oder Leben eines Menschen ab.
Für mich brachte der 30. Januar 1942 die entscheidende, wahrscheinlich lebensrettende Wende. An diesem Tag wurde ich, völlig unerwartet, von einem Frontbataillon zum Stab der 2. Panzerarmee versetzt.
Nachdem ich entlaust war – an der Front waren damals alle verlaust –, wurde ich zum Nachrichtenoffizier der Armee, Oberstleutnant Quandt, befohlen.
Quandt, ein großer, schwerer Mann mit klugen Augen in einem fleischigen Gesicht, bot mir einen Stuhl an. Sehr ungewöhnlich, denn als einfacher Schütze hatte ich normalerweise stehend Befehle entgegenzunehmen.
Es entspann sich dann folgender Dialog, an den ich mich noch genau erinnere, weil er meine Situation mit einem Schlag schicksalhaft änderte.
»Wie lange sind Sie Soldat?« fragte der Oberstleutnant.
»Neun Monate.«
»Sie sind Akademiker?«
»Jawohl.«
»Wie kommt es, daß Sie nicht als Dolmetscher im Offiziersrang einberufen wurden?«
»Vermutlich, weil keine Zeit für die vorgeschriebene

Sprachprüfung blieb. Ich wurde nur zwei Wochen ausgebildet, das heißt, ich lernte Umgang mit Offizieren.«
Quandt lächelte flüchtig. »Sie waren früher nie Soldat?«
»Nein.«
»Sie waren Dolmetscher im Stab der 293. Infanterie-Division und sind vor vier Wochen zu einem Frontbataillon versetzt worden. Das ist doch eine Art Degradierung. Haben Sie dafür eine Erklärung?«
»Der IIa[1] der Division, Major von Wedel, warf mir vor, unsoldatisch und slawophil zu sein, weil ich widersprach, als er Bauern, die das Einrücken der Deutschen im Wald abgewartet hatten, als Partisanen erschießen lassen wollte, obwohl es sich einwandfrei nicht um Partisanen handelte. Ich wandte mich unter Umgehung des Dienstweges an den Divisionskommandeur, Generalleutnant von Obernitz, der die Erschießung untersagte. Da es außer mir noch einen Dolmetscher im Offiziersrang beim Divisionsstab gab, versetzte mich Major von Wedel zum Bataillon 510, wo kurz vorher der Dolmetscher gefallen war.«
»Generalleutnant von Obernitz hat diese Entscheidung korrigiert und Sie zu uns versetzen lassen«, erklärte Quandt. »Er ist der Ansicht, daß Ihre Fähigkeiten hier nutzbringender verwandt werden können. Ich habe mir überlegt, wie ich Sie am besten einsetze. Die Berichte, die wir erhalten, sind nicht immer objektiv und durchlaufen lange Dienstwege. Wir müssen schnell und objektiv über alles unterrichtet werden, was im Armeeverwaltungsgebiet geschieht. Es ist ein großes Gebiet mit allen Problemen, die nun einmal in Rußland auf uns zukommen. Werben Sie V-Leute[2] an –

---

1 Personalsachbearbeiter
2 Vertrauensleute-Agenten.

Feinde Stalins gibt es ja genug –, und nehmen Sie Kontakt auf zu den russischen Selbstverwaltungsorganen, der Abwehr[1] und dem SD[2]. Der unterhält ein Gefängnis, wo Sie, da er uns unterstellt ist, jeden Gefangenen vernehmen und, wenn erforderlich, auch herausholen können. Als Standort scheint mir Ordzonikidegrad, von uns O-grad genannt, besonders geeignet, weil es zentral liegt und gute Unterbringungsmöglichkeiten hat. Ihre Dienststelle wird als ›Sonderkommando Steenberg‹ geführt. Sie werden zum Sonderführer (Z)[3] ernannt, schon damit Sie sich besser Offizieren gegenüber durchsetzen können. Lassen Sie sich in der Schreibstube Ihr Soldbuch ändern. Sie erhalten einen Dolmetscher im Unteroffiziersrang und einen Fahrer. Noch Fragen?« »Nein, Herr Oberstleutnant.«
Quandt erhob sich und reichte mir die Hand. »Melden Sie sich, sobald Sie ein Quartier gefunden haben. Nehmen Sie Verbindung auf zum Ic[4] beim Korück[5], Major von Seebach. Mit ihm werden Sie eng zusammenarbeiten müssen. Korück sind Sie auch verpflegungsmäßig angeschlossen. Viel Erfolg, Herr Steenberg!«
Als ich die Tür hinter mir schloß, atmete ich tief durch. Noch gestern mußte ich damit rechnen, über kurz oder lang einen sinnlosen Soldatentod zu sterben, und nun hatte ich eine interessante Aufgabe und konnte – etwas ganz Seltenes in der Wehrmacht – selbständig arbeiten und vielleicht auch etwas bewirken. Neun Monate war ich der ›Schütze Steenberg‹ gewesen, jetzt ›Herr Sonderführer Steenberg‹!

---

[1] Spionage-Abwehr
[2] Sicherheitsdienst der SS
[3] Z = Zugführer = Leutnant
[4] Nachrichtenoffizier
[5] Kommandeur des rückwärtigen Armeegebietes

Beginn in O-grad

Mittelpunkt des kleinen Städtchens O-grad – zehn Kilometer nördlich Brjansk – war eine große Waggonfabrik, die schon zur Zarenzeit bestanden hatte. Sie war von den Russen vor dem Rückzug gesprengt worden, aber die Häuser der höheren Angestellten standen noch. Es waren stabile Ziegelhäuser, deren Einwohner unter Hinterlassung ihres Inventars geflohen waren. Ich fand ein geräumiges Haus. Neben einigen kleinen Zimmern für mich und meine Mitarbeiter gab es einen großen Aufenthaltsraum mit den typischen sowjetischen Standardmöbeln: Sessel und Sofa mit schwarzem Kunststoff bezogen. Sogar ein Klavier fanden wir noch. Neben der Küche gab es eine kleine Kammer, in der ich die russische Köchin Moltschánowa unterbrachte, die mir der Bürgermeister empfohlen hatte. Sie war eine kleine, rundliche Frau, deren Mann und zwei Söhne in einem KZ umgekommen waren, weshalb sie Stalin haßte und von den Deutschen Befreiung erhoffte.

Auch das Nachbarhaus hatte ich belegt, um dort die V-Leute unterzubringen. Auf dem Hof stand ein kleines Ziegelhaus, das wir als Lebensmittellager benutzten.

Mit meinen beiden deutschen Mitarbeitern hatte ich Glück. Der Dolmetscher Birck, Balte wie ich, ein früherer Angestellter, konnte mir einen Teil der Schreibarbeiten abnehmen, und der Fahrer Krause, ein kriegserfahrener Obergefreiter, war ein Berliner Original mit immer guter Laune. Er hatte ein paar Brocken russisch aufgeschnappt und konnte sich zur Not mit den Russen verständigen. Schon bei der Division, die aus Berlinern bestand und als taktisches Zeichen den Berliner Bären führte, hatte ich festgestellt, daß, wenn man schon Krieg führen mußte, es mit Berlinern leichter war; sie behielten auch in bedrohlicher Lage eine gewisse Distanz und ihren Humor.

Nachdem ich mich im neuen Quartier einigermaßen eingerichtet hatte, fuhr ich nach Brjansk zu Major von Seebach und zum SD.

Seebach war ein ernster, sympathischer Mann, der meinen Einsatz begrüßte und mir jede Unterstützung zusagte. Er machte mich mit den Interna der beiden Stäbe bekannt und bezeichnete vor allem den Oberbefehlshaber Schmidt als hervorragenden Mann, der ohne viel zu fragen, tat, was nötig war. Im Armeegebiet war vieles möglich, was im Hinterland undurchführbar gewesen wäre. Der Korück, General Bernhard, war ähnlich gesinnt.

Weniger erfreulich verlief mein Besuch beim Leiter des SD, einem noch jungen Sturmbannführer, der mir gleich erklärte, Russen müsse man mit Härte behandeln, das seien sie gewohnt, dann spurten sie. Mein Hinweis, daß die im allgemeinen freundliche Einstellung der Bevölkerung durch eine falsche Behandlung leicht in Feindseligkeit umschlagen könne, akzeptierte er nicht. Was die Russen dächten, sei ihm gleichgültig. Hauptsache sei, möglichst viel aus dem Land herauszuholen.

Wie ich später auf Umwegen erfuhr, hielt er mich für einen dieser ›russophilen Balten, die die Realitäten nicht wahrhaben wollten‹.

In den nächsten Tagen war ich damit beschäftigt, Kontakte zu den russischen Verwaltungsstellen herzustellen und V-Leute anzuwerben. Dabei halfen mir vor allem der Bürgermeister und der Leiter des russischen Ordnungsdienstes (OD). Durch sie erhielt ich zwei Männer, die mir später große Dienste leisteten.

Der eine, Samótin, war ein einfacher Mann, von Beruf Maschinist, aber von hoher Intelligenz und einem sicheren Gespür für die Mentalität seiner Landsleute. Er kam mit zwei erwachsenen Söhnen zu mir. Sein Bruder war in einem KZ umgekommen, er selbst hatte Jahre im Gefängnis zubringen müssen.

Der andere, Popódko, war ein Baptist, der seine ganze Familie verloren hatte.

Erstes Unternehmen gegen die Partisanen

Aus dieser vorbereitenden Tätigkeit wurde ich durch einen Anruf Quandts gerissen, der mir befahl, am ersten Unternehmen gegen die Partisanen im Waldgebiet südlich Brjansk teilzunehmen, um gleich an Ort und Stelle Erfahrungen zu sammeln.

Ich fragte Seebach, was er von dem Unternehmen halte. Er sagte kurz und bündig: nichts. Die Partisanen, die im Winter in den Walddörfern Unterschlupf gesucht haben, würden sich nach Süden zurückziehen und später wieder zurückkommen. Durch Überläufer sei bekannt, daß es sich vorerst nur um kleine Gruppen handelte, die zurückgebliebene Parteifunktionäre nach der Kesselschlacht um Brjansk aus versprengten Rotarmisten gebildet hatten.

Der Brjansker Wald ist riesig, ein Urwald, 130 Kilometer lang und dreißig bis vierzig Kilometer breit. Die Deutschen hatten ihn, da es dort keine Straßen gab, gar nicht betreten.

Das Unternehmen begann am 4. Februar und verlief so, wie Seebach es vorausgesagt hatte. Es war nicht mehr so kalt, aber im Wald lag noch tiefer Schnee, so daß wir auf die wenigen, von den Bauern eingefahrenen Waldwege angewiesen waren. Munition und schwere Waffen wurden auf Pferdeschlitten transportiert. Sonst wurde marschiert.

Als wir mit einer Kompanie zu einem der Walddörfer vorstießen, kam es zu einem unangenehmen, leider typischen Zwischenfall. Die Soldaten hatten einen Mann ohne Papiere aufgegriffen. Bei der Vernehmung gab er an, er sei Rotarmist gewesen und nach der Kesselschlacht in einem Dorf geblieben. Dort habe er einer Frau geholfen, deren Mann bei der Armee war. Das klang durchaus glaubwürdig und kam häufig vor.

Der Kompanieführer, Leutnant von Buchwald, hielt ihn für einen von den Partisanen geschickten Spion. Als der Mann das ableugnete, schlug er ihn ins Gesicht.

Auf meinen Hinweis, daß eine solche Behandlung uns nur Feinde schaffe, in einem Land, wo wir auf die Mitarbeit der Bevölkerung in weitem Maße angewiesen seien, erwiderte er, hier könne man nur mit Härte weiterkommen. Es war die von der Parteiführung ausgegebene Parole, der leider manche des Landes unkundige Deutsche zu unserem Nachteil folgten.

Geführt wurde das Unternehmen von einem alten, vor dem Krieg längst pensionierten Oberst Fuchs, der offensichtlich froh war, daß wir ohne Verluste davonkamen. Die Aussagen der verschreckten Dorfbewohner, die sich gegen die bewaffneten Partisanen nicht wehren konnten, bestätigten die schon bekannten Tatsachen über Stärke und Verhalten der Partisanen.

Oberst Fuchs hatte im Dorf Nikolskóje Quartier gemacht. Am letzten Tag des Unternehmens befahl er mir, zu einer fünf Kilometer entfernten Mühle an der Mündung der

Rjowna in die Dessnà zu gehen, um festzustellen, ob sie noch in Betrieb sei.

Obwohl nicht anzunehmen war, daß ich auf Partisanen stoßen würde, war mir doch nicht ganz wohl zumute, als ich so allein durch den Wald stapfte. Ein Bauer, der mir mit einer Holzfuhre entgegenkam, bestätigte zu meiner Beruhigung, daß die Partisanen sich längst in den Süden abgesetzt hatten.

Plötzlich lichtete sich der Wald, und ich stand vor der Mühle. Sie war tief verschneit. Nichts rührte sich. Jeden Zweig, jeden Gegenstand, hatte die Kälte mit glitzernden Kristallen wie mit Diamanten geschmückt, die die fahle Wintersonne in ein unbeschreibliches Rosarot tauchte. Und mitten darin, auf dem Dach, auf dem verschneiten Mühlrad, hockten aufgeplustert Hunderte von Dompfaffen mit ihren rot leuchtenden Brüsten wie Blutflecken im Schnee. Ein unvergeßliches Bild. Zum erstenmal, seit ich in Rußland war, verspürte ich hier den Wunsch, einmal in friedlichen Zeiten wiederzukommen.

Der ›Partisan‹ Bérkutow

Das Gespräch mit dem Sturmbannführer hatte immerhin den Vorteil, daß er einige Tage später anrief, um mitzuteilen, daß ein Partisan bei ihm eingeliefert worden sei.

Der Mann hieß Bérkutow und gefiel mir sofort. Er hatte ein offenes, bäuerliches Gesicht, und ich spürte, daß er die Wahrheit sagte. Nach der Schlacht um Brjansk hatte er in einem Dorf bei einer Frau Unterschlupf gefunden, deren Mann verschollen war, und half ihr bei der Arbeit. Zuweilen kamen Partisanen in das Dorf, um Lebensmittel zu requirieren. Es hatte Fälle gegeben, daß sie versprengte Rotarmisten, wie er einer war, rekrutierten. Das aber wollte er auf keinen Fall. Er war Donkosak, sein Vater und ein Bruder waren in einem KZ umgekommen, deshalb wollte er nicht für Stalin kämpfen.

So beschloß er, nach Brjansk zu gehen und sich bei den Deutschen zu melden. Da er keine Papiere hatte, wurde er von der Polizei aufgegriffen und dem SD übergeben.

Ich hielt seine Aussagen für glaubwürdig und bat, ihn mir zu überlassen. »Er ist Mechaniker und Kraftfahrer. Ich werde ihn als Fahrer beschäftigen«, sagte ich.

»Na ja«, sagte der Sturmbannführer, offensichtlich verärgert. »Sie tragen die Verantwortung.«

So kam Bérkutow zu mir und wurde einer meiner zuverlässigsten und treuesten Mitarbeiter.

Der Hauptmann Pogóshew

Als der Umfang meiner Arbeit immer mehr zunahm, brauchte ich dringend einen geeigneten Mann, der die Führung der V-Leute übernehmen und mich auch bei Vernehmungen entlasten konnte.

Da fiel mir Pogóshew ein, mit dem mich eine Freundschaft verband, die noch aus meiner Zeit bei der Berliner Division stammte. Während der Kesselschlacht um Kiew hatte die Division das Städtchen Pirjátin am Ostrand des Kessels genommen. Die Bevölkerung hatte uns mit Musik und Salz und Brot empfangen. Damals gab es in der Ukraine noch keine Spur von Partisanen.

Am Stadtrand hatten unsere Stukas Stabswagen des Marschalls Budjonny zerbombt. Da wir dort wichtige Dokumente zu finden hofften, schickte man mich hin.

Als ich um eine Hausecke bog, sah ich vor mir in einem großen Apfelgarten einige Hundert Rotarmisten stehen. Ich erschrak. Wenn ich kehrt machte,konnten sie mich von hinten erschießen. Es blieb nur die Flucht nach vorne. Ich ging auf sie zu und fragte, wohin sie wollten.

»Sdátsa – sich ergeben«, riefen sie.

Ich fragte: »Wer ist Offizier?«

Es meldete sich niemand. Ich kannte die sowjetische Propaganda, die behauptete, alle Offiziere würden von den Deutschen erschossen. Zu Beginn des Krieges trugen die Offiziere der Roten Armee noch nicht die pompösen Epauletten, die ihnen Stalin 1943 verlieh. Sie unterschieden sich in ihren erdbraunen Uniformen von den Rotarmisten nur durch Kragenabzeichen, die leicht abzutrennen waren.

Nachdem ich versichert hatte, daß ihnen nichts geschehen werde, traten fünf Offiziere vor, darunter als Rangältester ein Hauptmann, der mir seinen Ausweis und seine Pistole übergeben wollte.

Ich erklärte, als Offizier könne er die Waffe behalten, gab ihm die Hand und stellte mich vor.

Dieser Offizier war der Hauptmann Pogóshew.

Wir behielten diese Gefangenen gleich bei der Division, wo sie als Fahrer, Mechaniker und – wenn Not am Mann war – auch als Kämpfer eingesetzt wurden. Man nannte sie damals Hilfswillige (Hiwi). Pogóshew, der im Zivilberuf Ingenieur gewesen war, wurde mit der Beaufsichtigung dieser Hilfswilligen betraut.

Alle Frontdivisionen verwandten solche ›Hilfswillige‹, ohne daß sie offiziell erfaßt wurden und ohne daß man ›oben‹

davon etwas wußte. Sie trugen deutsche Uniformen ohne Rangabzeichen und wurden zum größten Teil auch bewaffnet. Ende 1941 gab es bereits mehrere Hunderttausend von ihnen. Das bezeichnendste Beispiel dafür, was damals möglich war, bildete die 134. Infanteriedivision. Sie bot ab Juli 1941 allen ihren Gefangenen und Überläufern die Einstellung als gleichwertige Soldaten an, so daß Ende 1942 fast die halbe Division aus ehemaligen Sowjetsoldaten bestand.

Den größten Eindruck, pflegte Pogóshew später zu erzählen, hatte auf ihn und seine Kameraden mein Verhalten gemacht. Sie konnten, verhetzt wie sie waren, kaum fassen, daß ein Deutscher sich dem Gegner vorstellte, ihm die Hand gab und ihm sogar die Waffe beließ.

Pogóshew schien mir der geeignete Mann für mein Kommando zu sein, und ich bat Seebach, ihn anzufordern. Tatsächlich begriff Pogóshew sofort, um was es ging und leistete mir bis zum Schluß des Krieges unschätzbare Dienste.

Das ›Privatgefängnis‹

Gefangene, die wir machten, mußten ins Gefängnis des SD eingeliefert werden. Zwar konnte ich erreichen, daß sie vom SD nicht vernommen und mißhandelt wurden, aber sie wurden doch Zeugen der dort herrschenden Zustände, was sich naturgemäß negativ auf ihre Stimmung und ihre Aussagebereitschaft auswirkte.

So machte ich den Vorschlag, selbst ein Gefängnis einzurichten. Da von der Wehrmacht keine Wachen abgestellt werden konnten, wollte ich einen Teil meiner V-Leute dazu verwenden. Sie sollten deutsche Uniformen ohne Rangabzeichen tragen. Das Kommando über sie sollte Hauptmann Pogóshew übernehmen.

Nach einigen Bedenken wurde mein Vorschlag von General Bernhard genehmigt. Als Gefängnis wurde ein Nachbarhaus requiriert.

Da ich die Russen nicht vereidigen konnte, erklärte ich ihnen in einer Ansprache, daß sie nicht für Deutschland, sondern für ihr Vaterland im gemeinsamen Kampf gegen den Kommunismus und für ein vereintes Europa kämpfen würden. Um das zu dokumentieren, erhielten sie und auch die Deutschen meines Kommandos das Ärmelabzeichen ROA (Russische Befreiungsarmee), das aus propagandistischen Gründen auch für die russischen Freiwilligenbataillone genehmigt worden war, obwohl es eine solche Befreiungsarmee noch gar nicht gab.

Der Erfolg war erstaunlich. Die Gefangenen waren überrascht, von Russen bewacht und gut behandelt zu werden. Zugleich erfuhren sie, daß hier niemand erschossen werde. Die Wachen waren die besten Propagandisten. Ihr Einsatz beweise doch, daß die Deutschen Rußland vom Kommunismus befreien wollten, von dem man nichts Gutes gehabt habe.

Die Folge war, daß die Gefangenen, von ihren Ängsten befreit, meist willig aussagten, was sie wußten. Viele baten, bei uns bleiben zu dürfen. In einigen Fällen genehmigte ich das. So kam es, daß die Deutschen meines Kommandos drei Jahre lang nur von Russen bewacht wurden, von denen ein Teil frühere Partisanen und Spione waren, die nach Kriegsrecht hätten erschossen werden können.

Der »König von Lókotj«

Im Juni rief mich Quandt an und befahl mir, ihn auf einer Fahrt nach Lókotj zu begleiten. Dort sollte ich bei Verhandlungen mit dem Leiter des Gebietes, Kaminski, dolmetschen.

Der Selbstverwaltungsbezirk Lókotj am Ostrand des Brjansker Urwaldes war ein überzeugender Beweis dafür, was getan und erreicht werden konnte, wenn nicht utopische Pläne, sondern Vernunft und Einsicht in die Realitäten bestimmend waren. Dank der Initiative und Zivilcourage des Oberbefehlshabers, der sich nicht scheute, notwendige Maßnahmen auch ohne Wissen und gegen die Intentionen des Führerhauptquartiers anzuordnen, war hier der erste große, rein russische Selbstverwaltungsbezirk entstanden, in dem die gesamte vollziehende Gewalt den Russen übertragen worden war. Außer einem kleinen Verbindungsstab gab es dort keine deutschen Truppen.

Lókotj wirkte wie ein großes Dorf, ein Marktflecken. Es war aus einem Gut entstanden, das einst der Großfürst Michaíl seiner Mätresse geschenkt hatte. Eine breite Doppelallee alter Lindenbäume, die zum ehemaligen Gutshaus führte, bestärkte noch den ländlichen Eindruck des Städtchens. Kaminski bewohnte hier ein großes zweistöckiges Holzhaus.

Auf den Straßen herrschte reger Betrieb. Zwischen den Zivilisten schlenderten Soldaten der RONA (Russische Volksbefreiungsarmee), wie die Brigade Kaminskis sich nannte, in ihren sowjetischen Uniformen umher und grüßten. Sie unterschieden sich von Rotarmisten nur durch das Ärmelabzeichen RONA und die Schulterstücke.

Wir überquerten den Marktplatz, wo es praktisch alles gab: Butter, Eier, Fleisch, Gemüse.
»Wie schaffen sie das?« fragte ich beeindruckt.
»Privatwirtschaft«, erklärte Quandt. »Dabei mußten sie vom Nullpunkt anfangen. Als die Rote Armee abrückte, dauerte es einige Zeit, ehe die Deutschen erschienen. Um Plünderungen zu verhüten und die Stadt vor marodierenden Rotarmisten zu schützen, organisierte Kaminski einen bewaffneten Selbstschutz und schuf eine Selbstverwaltung, die sofort daranging, die Staatsgüter aufzuteilen und den Privatbesitz wiederherzustellen. Die Stimmung in diesem reichen Agrargebiet war ausgesprochen sowjetfeindlich. Es entstand eine Art Volksbewegung gegen das Stalinregime, noch ehe die Deutschen die Verwaltung übernommen hatten.
Das war die Situation, die die 2. Panzerarmee vorfand. Der Oberbefehlshaber bestätigte Lókotj als russisch verwaltetes Gebiet. Es gibt eine eigene Steuerbehörde, eigene Gerichtsbarkeit, eine eigene Zeitung, ein Krankenhaus, eine wachsende Industrie und eine eigene Truppe, die das Gebiet partisanenfrei hält. Da die meisten Partisanen im Brjansker Wald Bauern sind, die gegen ihren Willen von den Kommissaren zwangsverpflichtet worden sind, laufen immer häufiger Partisanen zu Kaminski über. Der Lebensstandard liegt weit höher als in allen anderen besetzten und von Deutschen verwalteten Gebieten. Es wird auch mehr abgeliefert.«
Kaminski empfing uns in seinem Büro in Gegenwart seines jungen Nachrichtenoffiziers Kapkájew. Kaminskis Großeltern waren Polen. Er selbst sprach kein Wort polnisch und war griechisch-orthodox getauft. 1935 war der junge Ingenieur in Leningrad als politisch unzuverlässig nach Sibirien verbannt worden. Kurz vor Beginn des Krieges wurde er

nach einem Bittgesuch seiner alten Mutter freigelassen. Lókotj wurde ihm als Zwangsaufenthalt zugewiesen, das er ohne Erlaubnis nicht verlassen durfte. Er sah gut aus, war mittelgroß und drahtig und hatte ein Raubvogelgesicht. Er trug eine deutsche Uniform ohne Rangabzeichen. Der OB[1] hatte ihn zum Brigadekommandeur ernannt und ihm das Eiserne Kreuz erster Klasse verliehen.

Nachdem Quandt Grüße des OB ausgerichtet hatte, fragte Kaminski sofort, ob es neue Nachrichten gäbe. Es müsse endlich von oberster Stelle klargelegt werden, daß die Deutschen nicht erobern, sondern befreien wollten, daß sie in Zukunft mit einem befreundeten, gleichberechtigten Rußland zusammenarbeiten wollten.

Das war eine überraschend offene Sprache.

Quandt erklärte ruhig, daß sich die Wehrmacht weiter um eine Klärung bemühe. Im übrigen hätte jetzt die deutsche Führung genug mit dem rasanten Vormarsch an der Südfront zu tun.

»Je eher die Deutschen ihre Ziele klarlegen«, erklärte Kaminski, »desto mehr Russen werden bereit sein, mit den Deutschen zu gehen, und es würde auch der sowjetischen Propaganda den Wind aus den Segeln nehmen.«

Dann bat Kaminski um die Genehmigung des OB, sein Verwaltungsgebiet auf acht Rayons mit zusammen rund 1,7 Millionen Einwohnern ausdehnen zu dürfen. Es sei alles vorbereitet. Seine RONA werde er auf rund 20000 Mann bringen, die in fünf Infanterieregimenter, eine Panzerbrigade – er habe schon 20 Panzer, die die Rote Armee nach der Kesselschlacht um Brjansk zurückgelassen habe – und eine Flakabteilung gegliedert sein werden. Er hoffe, sie

---

[1] Oberbefehlshaber

eines Tages in eine große russische Befreiungsarmee eingliedern zu können.
Anschließend schilderte Kapkájew die Partisanenlage im Brjansker Wald. Seine Angaben waren von beeindruckender Genauigkeit. Wie zu erwarten war, hatten sich die Partisanen nach dem Winter neu organisiert und erhielten laufend Nachschub von der anderen Seite der Front. Es gab jetzt sogar einen Flugplatz im Südteil des Waldes, wo nachts Flugzeuge landen und starten konnten.
Nach der Besprechung lud uns Kaminski zu einem Essen in seine Privatwohnung, wobei seine gutaussehende, grazile Frau die Honneurs machte. Das Essen war vorzüglich. »Man merkt, daß man sich im Königreich Lókotj befindet«, stellte Quandt lächelnd fest. Bei den Deutschen hatte sich für Kaminski der Spitzname ›König von Lókotj‹ eingebürgert.
Auf der Rückfahrt fragte ich Quandt, ob der OB keine Bedenken habe, nur 80 Kilometer hinter der deutschen Front eine russische, gut bewaffnete Einheit von 20000 Mann zuzulassen.
»Nein«, erklärte Quandt. »Kaminski hat seine Sowjetfeindlichkeit zur Genüge bewiesen. Allerdings – und da hat er recht – wird es hohe Zeit, vernünftige Kriegsziele bekanntzugeben. Der OB hat schon im September des vorigen Jahres in einer Denkschrift mit dem Titel: ›Über die Möglichkeit einer Erschütterung des bolschewistischen Widerstandes von innen her‹ darauf hingewiesen.«
Um die Möglichkeiten, die Kaminski bei der Klärung der Partisanenlage hatte, auch für uns besser nutzen zu können, schlug ich Quandt vor, in Lókotj eine Außenstelle einzurichten, zumal im kleinen deutschen Verbindungsstab nur der SD-Mann Loleit russisch sprach. Quandt war einver-

standen, und ich schlug als Leiter der Außenstelle einen alten Bekannten, Adam Grünbaum, vor, von dem ich wußte, daß er sich in der Dolmetscherschule in Posen befand.

Zu meiner Überraschung erschien Grünbaum schon vierzehn Tage nach der Anforderung. Er war ein schmaler, mittelgroßer Mann mit dem Gesicht eines Asketen; ruhig, leise sprechend, mit einem hintergründigen, fast »englischen« Humor. Nichts konnte ihn aus der Ruhe bringen. Vor dem Krieg war er Jurist in Tallin gewesen. Ich schätzte ihn und war froh, daß er zu mir abgestellt worden war.

Nachdem ich ihn über Organisation und Aufgaben meines Kommandos informiert und Seebach und Quandt vorgestellt hatte, fuhren wir nach Lókotj.

Wir vereinbarten, daß Grünbaum nicht nur über die Partisanenlage, sondern über alle Vorkommnisse im Gebiet Lókotj berichten sollte. Er sollte mich genau über dieses beispielhafte Experiment auf dem laufenden halten.

Ich machte ihn mit Kapkájew bekannt, mit dem er in erster Linie zusammenarbeiten würde und stellte ihn dann Kaminski vor, der jede Unterstützung zusicherte.

Schließlich gingen wir noch zum Vertreter des SD, Loleit, den ich schon von früher her kannte. Er war ein sympathischer junger Baltendeutscher, der nach der Umsiedlung im Jahre 1939 durch Zufall zum SD gekommen war und zu einer vertrauensvollen Zusammenarbeit bereit war. Ihm war es zu verdanken, daß Kaminski so selbstherrlich wirken konnte, denn er unterschlug in seinen Berichten die nationalistischen Äußerungen Kaminskis und seine Kritik an der deutschen Politik.

Der Prinz

Zwischen Seebach und mir entwickelte sich allmählich ein freundschaftliches Verhältnis. Er war ein Gegner des Systems und Pessimist. Trotz des zügigen Vormarsches im Süden und des begeisterten Empfangs, den uns die Ukrainer, die Kosaken, die Krimtataren und die kaukasischen Völker bereiteten, glaubte er nicht an einen Sieg, weil sich immer klarer abzeichnete, daß man im Führerhauptquartier nicht daran dachte, die brutale und verhängnisvolle Ostpolitik zu ändern, die Kolonisierung und nicht Befreiung zum Ziel hatte.

Eines Tages brachte Seebach den Ordonanzoffizier des Generals mit, einen Prinzen Hohenlohe. Als letzten Sproß eines alten österreichischen Fürstengeschlechts hatte man ihn von einer Fronteinheit auf den ruhigeren Posten beim General Korück versetzt.

Mittelgroß, schlank und blond, strahlte er Sauberkeit aus. Seine Bewegungen waren locker, er hatte nichts Soldatisches an sich. Die Uniform trug er wie ein Zivilist einen gut geschnittenen Anzug.

Trotz seiner Jugend war er ein gebildeter, geistreicher Mann mit viel Humor. Dem Leben stand er mit einer feinen Skepsis gegenüber, die man bei einem so jungen Mann nicht vermutet hätte. Er wurde von allen nur der Prinz genannt und als Original akzeptiert. Schon daß er immer in Begleitung eines schwarzen Pudels umherging, war im Frontgebiet äußerst ungewöhnlich.

Außerdem pflegte er offen zu verkünden, daß er maßlose Angst vor Bomben habe und deshalb abends lieber in der Nähe des stabilen Generalsbunkers sei.

Wie weit solche Sprüche ernst gemeint waren, wußte man bei ihm nie. Daß er jedoch im entscheidenden Moment ein ungewöhnliches Maß an Selbstbeherrschung und Tapferkeit aufbringen konnte, bewies er einige Wochen später.

Die Besuche bei mir genoß er, weil es dort, wie er in seinem breiten Österreichisch feststellte, »so herrlich zivilistisch« zuging.

Es gibt selten Menschen, an denen einen nichts stört, die einem rundum sympathisch sind. Solch ein Mensch war der Prinz.

Die Köchin Moltschánowa schloß ihn schnell in ihr Herz. Wenn er kam, buk sie ›Blíntschiki‹ mit Preiselbeeren, in Teig gewickeltes Hackfleisch, knusprig in Butter gebraten, sein Lieblingsgericht. »Er ist noch so jung«, sagte sie. »Gott gäbe, daß er den Krieg überlebt.«

Der Prinz war eine Bereicherung des kleinen Kreises der Reserveoffiziere, die sich immer öfter bei mir einfanden.

Die Spionin Irina

Zuweilen gingen meine Leute mit echten Partisanenausweisen aus Beutepapieren in Dörfer am Rand des Waldes und gaben sich als Partisanen eines anderen Gebietes aus, die Kontakt mit den Brjansker Partisanen aufnehmen sollten. Die eingeschüchterte Bevölkerung gab bereitwillig Auskunft, wo und wann Kundschafter der Partisanen in unser Gebiet kamen. Sie wurden dann von meinen Leuten beobachtet und schließlich in ihrer Anlaufstelle verhaftet. Auf diese Weise war es uns auch gelungen, einige Geheimsender mit Funkerinnen auszuheben, die mit Fallschirm abgesetzt worden waren. Mich interessierten nur Stärke, Standort und Aufgaben der einzelnen Partisanenbrigaden. Die Sender übergab ich der Abwehr, die eigentlich für solche Dinge zuständig war.

Die Funkerinnen, meist Mädchen von 18 oder 19 Jahren, die nach Kriegsrecht hätten erschossen werden können, schickten wir nach Deutschland auf Güter, wo sie uns nicht mehr schaden konnten und am Leben blieben.

Wenn die Verhafteten erfuhren, daß man sie nicht erschießen werde, sagten sie meist bereitwillig aus, so daß ich Angaben von bisher nicht erreichter Genauigkeit erhielt.

Es kam vor, daß meine V-Leute von der Polizei verhaftet wurden, weil sie nur Partisanenausweise bei sich hatten. Dann wurde ich angerufen und holte sie wieder heraus.

Mitte Mai rief wieder einmal der SD an und fragte, ob ein Mann namens Popódko für mich arbeite. Er sei als Partisan verhaftet worden. Ich bestätigte das und ließ ihn von Krause abholen.

Popódko berichtete, daß er in einer Zelle mit einer Partisanin gesessen hätte, die schwer mißhandelt worden sei. Trotzdem habe sie nichts gesagt. Ihm aber habe sie gesagt, weil sie ihn für einen Partisanen hielt: »Wenn die Schweine wüßten, was ich wirklich weiß.«

Ich beschloß, das Mädchen zu mir zu holen. Als ich den Sturmbannführer um Überstellung bat, sagte er: »Meinetwegen, viel Freude werden Sie an ihr nicht haben. Sie ist stur wie ein Maulesel.«

Am nächsten Vormittag meldete Krause, daß er das Mädchen eingeliefert habe. »Janz schön zujerichtet«, verkündete er in seinem Berliner Jargon.

Ich rief Dr. Beljájew an und bat, das Mädchen zu untersuchen und, wenn nötig, zu behandeln.

Beljájew war ein bekannter Chirurg aus Moskau, der in Brjansk, wo er einen Urlaub verlebte, vom deutschen Vormarsch überrascht worden war. So operierte er nun im russischen Krankenhaus unter schwierigsten Bedingungen und unterhielt nebenbei eine Praxis für die Bevölkerung. Ich lud ihn zuweilen zum Essen ein. Ich schätzte seine Intelligenz und Zivilcourage. Er hatte sofort erklärt, daß er ein Gegner des Regimes sei, daß er jedoch als Russe mit den Deutschen nur zusammenarbeiten könne, wenn Befreiung und nicht Versklavung geplant sei. Jetzt, im Sommer 1942, wußte ich noch immer nicht, welche Pläne die deutsche Führung tatsächlich hatte. Über diese Frage hatten wir oft diskutiert.

Als ich zum Gefangenenhaus hinüberging, traf ich Beljájew auf dem Hof. »Blutergüsse und eine angebrochene Rippe«, berichtete er. »In zwei Wochen ist sie wieder auf den Beinen. Übrigens, eine sehr intelligente Person und fanatische Kommunistin. Ich fürchte, da wird auch Ihre Methode nicht viel ausrichten. Darf ich fragen, was Sie mit ihr vorhaben?«

»Ich weiß es noch nicht«, sagte ich. »Ich muß erst feststellen, wer sie ist und welche Aufgabe sie hatte. Auf jeden Fall werde ich sie nicht wieder dem SD übergeben.«

Ich hatte Anweisung gegeben, das Mädchen in ein kleines Zimmer zu legen, das bisweilen zu Vernehmungen benutzt wurde und in dem sich eine Couch befand. In den anderen Räumen gab es nur Matratzenlager auf dem Fußboden.

Als ich das Zimmer betrat, lag sie, bis an den Hals in eine Decke gewickelt, mit dem Gesicht zur Wand auf der Couch. Da sie sich nicht regte, berührte ich sie an der Schulter.

»Geh zum Teufel! Laß mich schlafen!« schrie sie. Offenbar glaubte sie, den Wachsoldaten vor sich zu haben. Die Behandlung beim SD schien ihren Fanatismus noch verstärkt zu haben.

Ich beugte mich über sie und sagte ruhig: »Guten Tag, würden Sie sich bitte umdrehen, damit ich Sie kennenlernen kann.«

Einen Moment verharrte sie reglos. Dann begann sie, sich langsam umzudrehen, wobei sie das Gesicht vor Schmerz verzog.

Es war mir unfaßbar, wie man eine Frau so mißhandeln konnte. Für sie mußte das schlimmer sein als der Tod, mit dem sie als Spionin natürlich rechnen mußte.

Ich war überrascht. Ein schmales Gesicht, das von großen, ungewöhnlich schönen Augen beherrscht wurde. Es war kein regelmäßig schönes, aber ein kluges Gesicht von großer Ausstrahlung und Intelligenz.

Sie sah mich, wie mir schien, einen Augenblick prüfend an. Dann sagte sie: »Die Wache behauptet, daß hier niemand erschossen wird. Auch ich nicht?«

»Auch Sie nicht«, bestätigte ich.

»Was wollen Sie dann mit mir machen?«

»Das weiß ich noch nicht. Ich weiß ja noch nicht einmal, wer Sie sind.«

Sofort verschloß sich ihr Gesicht. »Von mir erfahren Sie nichts!«

»Ich erwarte nicht, daß Sie Ihre Freunde verraten. Sie könnten mir vielleicht andere Dinge sagen, die niemandem schaden und für beide Seiten nützlich sind. Aber das hat Zeit. Erholen Sie sich erst mal.«

Einem plötzlichen Impuls folgend reichte ich ihr die Hand. »Gute Besserung!«

Sie zögerte, offenbar überrascht, reichte mir dann aber doch die Hand.

Ich verließ das Zimmer mit dem Vorsatz, alles zu tun, um dieses Mädchen vor dem Erschießen zu retten. Vor allem mußte ich erfahren, wer sie war. Wir hatten einen V-Mann, der früher in der Partisanenbrigade Duká gewesen war. Ich beauftragte Pogóshew, festzustellen, ob der Mann sie kannte. Außerdem veranlaßte ich, daß sie, sobald sie wieder gesund war, in ein Zimmer mit anderen Gefangenen gelegt wurde. Die gute Behandlung, die völlig andere Atmosphäre als beim SD, würden vielleicht doch eine gewisse Wirkung auf sie ausüben.

In diesen Tagen mußte ich am rechten Desnáufer entlang nach Trubtschéwsk fahren, wo ich eine Außenstelle plante. Wie am Ostrand des Brjansker Waldes die Brigade Kaminski, so sicherten am Westrand einige russische Freiwilligenbataillone das Hinterland vor Überfällen der Partisanen. Ich besuchte diese Einheiten und stellte fest, daß die Stimmung vorzüglich war. Das war im Sommer 1942 noch die Regel. Die Wehrmacht rückte zügig zur Wolga und in den Kaukasus vor, und von den wahren Zielen Hitlers war noch nichts bekannt. Als ich nach einer Woche zurückkam, berichtete Pogóshew, daß es der Partisanin körperlich wieder gut gehe, daß sie jedoch die Wache beschimpfe, sie hätten sich für ein Stück Brot an die Deutschen verkauft. Die Gegenüberstellung mit dem früheren Angehörigen der Brigade Duká hatte ergeben, daß sie keineswegs eine gewöhnliche Partisanin war, sondern mit dem Fallschirm abgesetzt wurde, um die Spionage im Raum Brjansk zu reorganisieren. Ein ziemlich dicker Fisch also.

Als ich gegen Abend ihre Zelle betrat, saß sie auf der Couch und schaute mir gespannt entgegen. Als ich sie fragte, wie es ihr gehe, sagte sie kurz: »Gut.«

Ich führte sie in ein kleines Vernehmungszimmer, das ich

verhältnismäßig gemütlich hatte einrichten lassen, mit einem Sessel und einem Tisch mit Stehlampe, die ein gedämpftes Licht verbreitete. Bewußt hatte ich auf alles verzichtet, was an die Methoden des sowjetischen Geheimdienstes erinnern konnte.
Die nun folgende Vernehmung ist mir noch gut in Erinnerung, weil diese Frau mich irgendwie faszinierte und ich versuchen wollte, sie aus ihrer Verbohrtheit herauszuholen. Ich ließ sie im Sessel Platz nehmen und setzte mich ihr gegenüber. »Rauchen Sie?« fragte ich.
»Danke.« Sie sah mich gespannt und zugleich abweisend an.
»Ehe wir beginnen«, erklärte ich, »möchte ich Ihnen ein Gentleman-Agreement vorschlagen. Sie wissen, was man darunter versteht?«
Ihre Mundwinkel zogen sich herab. »Wie sollte eine unkultivierte Russin ein Fremdwort verstehen!«
»Schön.« Ich ließ mich nicht provozieren. »Sie können schweigen oder aussagen, doch was sie sagen, muß stimmen. Sind Sie damit einverstanden?«
»Gut«, sagte sie, »fangen Sie an!«
»Sie heißen?«
»Irina.«
»Und weiter?«
»Das tut nichts zur Sache.«
»Wie Sie wollen. Wie kamen Sie zu den Partisanen?«
»Ich war in den Ferien bei meiner Mutter in Brjansk. Die Deutschen kamen so schnell, daß ich nicht mehr weg konnte. Da ich Parteimitglied war, mußte ich zu den Partisanen.«
Ich nahm eine Zigarette. Während ich sie anzündete, betrachtete ich das Mädchen und überlegte, wie ich sie aus ihrer Verkrampfung herausholen sollte.

Da ich keine Anstalten machte, weiter zu sprechen, wurde sie offenbar unsicher. »Was ist? Warum starren Sie mich so an?« blaffte sie mich an.

»Sie sind ein erfreulicher Anblick«, lächelte ich. »Schade nur, daß Sie schon gleich zu Beginn unsere Vereinbarung nicht einhalten und lügen.«

»Wieso lüge ich?« brauste sie auf.

»Verstehen Sie«, erklärte ich gelassen, »diese Vernehmung ist im Grunde für mich unwichtig, was den Inhalt Ihrer Aussage betrifft. Ich weiß ziemlich viel von Ihnen. Wichtiger ist mir, Sie als Menschen etwas näher kennenzulernen. Sie haben mich enttäuscht, weil Sie Ihr Wort nicht gehalten haben.«

Sie gab sich noch nicht geschlagen. »Wenn Sie so viel von mir wissen, dann sagen Sie es doch! Das ist doch nur Bluff!«

»Nun, zum Beispiel: Sie sind nicht von Brjansk aus in den Wald gegangen, sondern vor einigen Wochen im Fallschirm abgesetzt worden, um die Spionage in unserem Raum zu organisieren. Einen solchen Auftrag gibt man nicht einem unerfahrenen Mädchen. Dazu gehört eine Spezialausbildung hoher Spionageorgane.«

»Unsinn!« rief sie. »Woher haben Sie das?«

»Von einem früheren Partisan, der Sie erkannt hat.«

»Verräter!« stieß sie hervor.

»Überlegen Sie lieber, woher es kommt, daß so viele Russen bereit sind, mit uns zusammenzuarbeiten.«

»Ach was! Sie sind Verräter! Wenn das Vaterland überfallen wird, hat alles andere zurückzutreten!«

»Talleyrand«, erwiderte ich, »hat einmal gesagt: Hochverrat ist nur eine Frage des Datums.«

»Was wissen Sie schon davon, was für Rußland gut ist!« stieß sie verächtlich hervor.

»Hören Sie zu, Irina«, sagte ich. »Sie haben nichts anderes gekannt als Kommunismus. Man hat Sie geschult und beeinflußt. Verständlich, daß Sie nun dafür zu kämpfen bereit sind. Sie wissen vermutlich gar nicht in vollem Umfang, welche Verbrechen im Namen der Revolution und des Kommunismus begangen wurden. Ich aber kenne fast alle Staaten Europas. Sie werden zugeben, daß mein Urteil objektiver sein muß. Und ich bin überzeugt, daß die grausame Diktatur Stalins ein Unglück für Rußland ist. Wenn sie wollen, gebe ich Ihnen etwas darüber zu lesen.«

Sie sah mich an. »Sie geben sich viel Mühe mit einer Todeskandidatin. Es ist Krieg. Ich bin Spionin. Sie werden kaum verhindern können, daß man mich erschießt.«

Ihr Mut beeindruckte mich. »Ich glaube doch«, sagte ich, obwohl ich keineswegs sicher war, ob ich das würde verhindern können.

»Was würde dann mit mir geschehen? Wollen Sie mich hier ewig sitzen lassen?«

»Um ehrlich zu sein, ich weiß es noch nicht. Wir müssen uns noch mehrmals unterhalten. Ich möchte Sie besser kennenlernen. Ich kann auch nicht allein entscheiden. Vielleicht fällt Ihnen ein, was wir mit Ihnen tun könnten, ohne uns zu schaden. Denken Sie einmal darüber nach.«

Sie sah mich erstaunt an. »Behandeln Sie alle Gefangenen so?«

»Soweit sie keine gewöhnlichen Verbrecher sind, ja.«

»Und warum behandeln Sie sie so?«

»Weil ich glaube, daß es besser ist zu überzeugen als zu vernichten.«

»So!« Sie wurde wieder aufsässig. »Und mit dieser Methode glauben Sie, alle Kommunisten zu Antikommunisten machen zu können.«

»Nicht alle, aber einige«, sagte ich und lächelte.

Ihre Augen wurden schmal. »Sie kommen sich so penetrant überlegen vor!«

»Im Gegenteil, eher hilflos, weil ich nicht weiß, wie ich Ihr Mißtrauen überwinden kann.«

»Bourgeoise Sentimentalitäten!« rief sie verächtlich. »Denken Sie lieber an die Tatsachen. Es ist Krieg. Sie sind mein Feind; ich bin Ihre Feindin.«

»Sie machen es sich etwas zu leicht. Müssen Menschen sich hassen, nur weil ihre Regierungen sich den Krieg erklärt haben? Hassen Sie mich persönlich?«

Sie schwieg, sah mich nicht an.

»Schauen Sie mich an!« forderte ich. »Hassen Sie mich?«

Sie hob den Blick und sagte leise: »Nein.«

»Und warum nicht?«

»Weil Sie mich nicht wie einen Feind behandelt haben.«

»Können Menschen aus verschiedenen Lagern nicht trotz allem Freunde werden, wenn sie sich achten?« gab ich zu bedenken.

»Das wäre unnormal!« behauptete sie.

»Ich glaube eher, daß es normal wäre, falls sie sich mögen. Was mich betrifft: ich achte Ihre Überzeugung, Ihren Mut, Ihren Patriotismus. Ich achte sie als Mensch. Dieser Eigenschaften wegen mag ich Sie, auch wenn ich Ihre Ansichten nicht teile. Überlegen Sie einmal, ob Sie nicht zu derselben Einstellung kommen können.« Damit erhob ich mich und reichte ihr die Hand. »Gute Nacht!«

Sie sah mich an, schien etwas sagen zu wollen, wandte sich dann aber ab. Ich öffnete die Tür und übergab sie der Wache, die sie zu ihrem Zimmer führte.

»Liebe ist keine Kartoffel . . .«

Mit der Spionin Irina beschäftigte ich mich weit mehr als mit den anderen Gefangenen, weil ich die Hoffnung nicht aufgab, sie von der ihr eingebleuten einseitigen Sicht der Dinge abzubringen.
Im Laufe der Gespräche stellte sich heraus, daß sie Germanistik studiert hatte und ganz gut deutsch sprach. Ich ließ mir aus Berlin einige Bücher von Dissidenten schicken, die ihre Erlebnisse unter dem Terror Stalins schilderten. Ich berichtete ihr auch von meinen eigenen Erfahrungen.
Während des Vormarsches war meine Division an der Kiewer Kesselschlacht beteiligt, wobei mehr als 600000 Gefangene und Überläufer gezählt wurden. Im ersten halben Jahr des Feldzuges gab es mehr als 4 Millionen Gefangene und Überläufer, eine bis dahin nie gehörte Zahl, die nie möglich gewesen wäre, wenn diese Menschen wirklich gekämpft hätten. Ich hatte erlebt, wie die Ukrainer uns als Befreier begrüßt hatten.
Alle diese Menschen waren keine Verräter. So viele Verräter hat kein Volk. Es war eine spontane Bewegung zum Sturz des verhaßten Regimes.
Im Laufe der Wochen ließen die Aggressionen Irinas nach. Sie hörte zu, und sie hatte wohl auch begriffen, daß sie hier die Chance hatte, mit dem Leben davonzukommen.
Eines Tages sagte sie: »Wenn Sie mich schon nicht erschießen lassen wollen, geben Sie mir wenigstens etwas zu tun. Es ist nicht schön, tatenlos herumzusitzen.«
Ich hatte zwar auch schon daran gedacht. Sie hätte zum Beispiel das Lebensmittellager übernehmen können, wo-

durch Krause für andere Aufgaben frei würde. Aber es schien mir noch zu riskant.
»Natürlich hätte ich eine Aufgabe für Sie«, antwortete ich, »aber wer garantiert mir, daß Sie dann nicht wieder in den Wald gehen. Ich kann Sie ja nicht ständig bewachen lassen.«
»Ich gebe Ihnen mein Wort. Sie haben mir das Leben gerettet und mich vor Schlimmerem bewahrt. Es wäre unanständig. Oder trauen Sie einer Kommunistin nicht zu, daß sie ihr Wort hält?«
»Doch«, sagte ich, »aber nicht weil sie Kommunistin sind, sondern weil ich Sie für einen anständigen Menschen halte. Aber ich kann nicht allein entscheiden. Ich werde es mir überlegen.«
Ich besprach die Sache mit Seebach. Ich wollte Rückendekkung haben, falls der SD Schwierigkeiten machen sollte. Seebach ließ mir, wie gewöhnlich, freie Hand.
Anschließend beriet ich mich auch mit Pogóshew. Er war ein erfahrener Mann, und er war Russe.
Pogóshew lächelte. »Es gibt, wenn Sie das tun, zwei Möglichkeiten: Entweder Sie sind eines Tages ein toter Mann, oder sie verliebt sich in Sie. Wenn eine Russin liebt, kennt sie nichts anderes.«
Ich wehrte ab. »Ich kann doch nicht gezielt und aus rationalen Gründen eine Liebelei anfangen. Ganz abgesehen davon, daß sie kaum darauf eingehen würde.«
»Es käme auf den Versuch an. Immerhin ist sie eine sehr reizvolle Frau. Wie ich die Sache sehe, stehen die Chancen nicht schlecht, wobei allerdings auch für Sie das Risiko besteht, daß es nicht bei einer Liebelei bleibt. Es gibt ein russisches Sprichwort: ›Liebe ist keine Kartoffel – man kann sie nicht wegwerfen‹.«
Am Tage darauf ging Irina aus dem Gefängnis hinaus in eine

für sie neue Welt. Was zu tun war, begriff sie schnell unter Anleitung von Krause, der später zu Birck sagte: »Die ist helle und außerdem Klasse! So ’ne Russin ha’ik noch nich jesehen. Aber da wird wohl nischt drinne sein, wa?«
»Nee«, sagte Birck trocken. –
Auch mit der Moltschánowa kam Irina schnell zurecht. Die war froh, jemanden gefunden zu haben, der ihr half und mit dem sie reden konnte. Zu meinem Erstaunen hörte ich Irina mehrmals hell auflachen. Eine neue Seite dieses verschlossenen und fanatischen Mädchens. Nun wartete ich auf das Resultat dieser Maßnahmen.

Die Kommunistin und der Prinz

Mit Seebach hatte ich besprochen, daß es günstig wäre, Irina hin und wieder zu unseren Zusammenkünften hinzuzuziehen, damit sie auch Deutsche eines gewissen Niveaus kennenlernen konnte, die nicht in ihr Weltbild paßten. Sozusagen als Gegensatz zu ihren Erlebnissen beim SD.
Als ich zu ihr ging, um sie zu uns herüberzuholen, saß sie am Tisch und schrieb. Ich hatte veranlaßt, daß sie sich einige Kleidungsstücke besorgen konnte. Es war nur eine Bluse und ein Rock, doch ich war überrascht, wie gut sie darin aussah.
Mitten auf den Tisch hatte sie einen Krug mit einem großen Strauß Wiesenblumen gestellt. Einige Blätter waren auf die Tischplatte gefallen. Auf dem Nachttisch lagen Bücher, und an der Wand hing ein Landschaftsbild, das sie im Keller der Fabrik gefunden hatte. Überrascht stellte ich fest, wie wenig dazu gehörte, einen Raum mit einem persönlichen Fluidum

zu erfüllen. Es war das erste Mal, daß ich sie in ihrem Zimmer besuchte.

Während wir hinübergingen, berichtete ich, wen sie kennenlernen würde. Als ich den Prinzen schilderte, sagte sie amüsiert: »Muß ich einen Hofknicks machen?«

Dieser erste Abend war ein voller Erfolg. Niemand sprach über Irinas tatsächliche Lage. Der Prinz machte in seiner charmanten Art Konversation und brachte mit seinen Anekdoten alle zum Lachen. Sein österreichischer Charme beeindruckte offensichtlich auch Irina.

Zu meiner Überraschung benahm sie sich völlig ungezwungen, als wäre sie das alles seit langem gewohnt. Ihr Deutsch war noch fehlerhaft und gab Anlaß zu Heiterkeit. Doch sie lernte schnell und nahm Korrekturen nicht übel.

Wir tranken zum Essen Wodka, den auch Irina nicht verschmähte. »Na sdorówje – auf die Gesundheit!« sagte sie und erklärte, daß man in Rußland Wodka nie ohne eine ›Sakúska‹, etwas dazu zu essen, tränke.

Der Prinz war von Irina begeistert und machte ihr Komplimente. Seine heitere Gelassenheit wirkte ansteckend.

Wenn Irina ein Wort fehlte, versuchte sie ein Fremdwort einzuschieben. »Sie sind ja gebildet!« rief der Prinz. »Und das im barbarischen Rußland!«

Irina schien zu begreifen, daß wir uns über die anmaßenden Thesen der deutschen Führung hinwegsetzten. Daß wir den Kommunismus ablehnten, nahm sie nun schon gelassener zur Kenntnis.

Genau wollte sie wissen, wie man außerhalb der Sowjetunion lebte. Jeden fragte sie nach Beruf, Einkommen und Lebensumständen.

Seebach warf sie vor, er beute als Gutsbesitzer seine Arbeiter aus.

»Das glaube ich nicht«, erklärte Seebach ruhig. »Jeder hat sein Haus, sein Stück Land, sein Vieh, und wenn Notfälle eintreten, helfen wir. Es ist ein patriarchalisches System. Jedenfalls leben unsere Arbeiter um vieles besser als eure. Außerdem ist es erfreulicher für jemanden zu arbeiten, den man kennt, als für einen anonymen Staat.«

Dem Prinzen erklärte sie unverblümt, er schmücke sich mit einem Titel, den vielleicht einer seiner Vorfahren verdient habe, jedoch nicht er.

»Wie recht Sie haben!« lachte er. »Der Titel ist nur lästig. Schon weil einem jedes Hotel die teuersten Zimmer andrehen will und jeder Portier das doppelte Trinkgeld erwartet. Außerdem werden viele Menschen unsicher, weil sie nicht wissen, wie sie mich anreden sollen, was man von Ihnen, Gott sei Dank, nicht sagen kann!«

Irinas Schlagfertigkeit machte ihm Spaß. Er machte ihr auf seine charmante Weise den Hof.

Oft nahm auch Pogóshew an diesen Abenden teil. Er war ein musischer Mensch, spielte Klavier, sang mit schönem Bariton Romanzen und rezitierte meisterhaft Verse von Jessénin, Block und Majakówski.

An einem dieser Abende fragte der Prinz: »Wie lebt man eigentlich in der Sowjetunion?«

Irina war nachdenklich. »Wir leben vermutlich ärmlich im Vergleich zu euch im Westen. Aber wir haben trotz allem eines nie verloren: die Herzlichkeit Freunden gegenüber. Gebt ihr das letzte Huhn, wenn ein Gast kommt? Könnt ihr uferlos diskutieren, Gedichte rezitieren, singen? Es gibt ein russisches Sprichwort: Sa mórem tepléje – u nas weseléje – hinter dem Meer ist es wärmer, bei uns lustiger.«

»Ich glaube«, sagte der Prinz, »daß die Russen ein anderes Lebensgefühl haben als wir. Sie folgen mehr ihrem Instinkt und sind dann bereit, sich voll einzusetzen. Bei uns liebt man ein bißchen, fühlt ein bißchen, lebt ein bißchen. Der Russe tut alles ganz, total.«

Zum Abschied küßte der Prinz Irina die Hand. Sie errötete und zog ihre Hand schnell zurück. »Das ist bei uns nicht üblich.«

»Sie werden bei uns noch viele Dinge kennenlernen, die bei Ihnen nicht üblich sind und die doch das Leben schöner machen«, lachte der Prinz.

Im Ostministerium – Rosenbergs Reise in die Ukraine

Im Juni 42, während meines ersten Urlaubs, versuchte ich zu erfahren, was nun wirklich in bezug auf die Ostgebiete geplant war und ging ins Ostministerium, wo ich mit Schikedanz, einem der engsten Mitarbeiter Rosenbergs, sprechen konnte.

Da ich ihn aus meiner Rigaer Studentenzeit gut kannte, konnte ich offen mit ihm reden.

Hier erst erfuhr ich, daß Rosenberg eine Aufteilung Rußlands in autonome Satrapien Ukraine, Weißruthenien, Kaukasien und Turkestan plante. Deshalb sei er auch dafür, die Ukrainer gut zu behandeln und ihnen schon jetzt gewisse Selbstverwaltungsrechte zu geben. Leider durchkreuze sein Intimfeind, der Reichskommissar für die Ukraine, Koch, diese Pläne. Er brüste sich, einen direkten Draht zu Hitler zu haben und werde auch von Himmler unterstützt. Für ihn seien alle Russen und Ukrainer Menschen zweiter Klasse, die ausgebeutet werden müßten.

»Rosenberg ist zu weich«, schloß Schickedanz seinen Bericht, »er kann sich beim Führer nicht durchsetzen und wird mit dem Proleten Koch nicht fertig, obwohl der ihm offiziell unterstellt ist.«

Was ich da hörte, war für mich ein Schock. Wenn diese Pläne Rosenbergs bekannt wurden, lieferten wir Stalin die beste Propagandaparole gegen uns. Rußland unter deutscher Oberhoheit aufgeteilt! Das würden selbst die härtesten Stalingegner nicht hinnehmen. Absurd zu glauben, man könne dieses Riesenland gegen den Willen der Bevölkerung auf Dauer in einem kolonialen Zustand halten.

Wenn schon Hitler, Himmler und Koch das nicht begriffen, dann mußte doch Rosenberg als Kenner Rußlands das wissen. Das Stalinregime konnte nur *mit* der Bevölkerung Rußlands gestürzt werden.

Das war es etwa, was ich Schickedanz, ziemlich erregt, vorhielt.

Schickedanz wandte ein, daß doch die Ukrainer und die kaukasischen Völker selbständig werden *wollten*.

»Sicher«, sagte ich, »aber nicht unter deutscher Oberhoheit. Erst nach einem Sturz des Stalinregimes kann diese Frage gelöst werden, aber nicht von uns, sondern von den Völkern Rußlands selbst. Alles andere ist Utopie.«

Schickedanz gab zu, daß es besser sei, diese Pläne Rosenbergs nicht publik zu machen, im übrigen werde Rosenberg in Kürze selbst in die Ukraine fahren und versuchen auf Koch einzuwirken.

Ich verließ das Ostministerium mit einem unguten Gefühl. Rosenberg war offensichtlich ein Phantast, der die Realitäten nicht erkennen konnte oder wollte. Ich konnte nur hoffen, daß die Entwicklung der Dinge Rosenberg und

Hitler zu einer Änderung ihrer absurden Pläne zwingen würde.
Ob ich Schickedanz überzeugt hatte, war mir nicht klar. Ich wußte, daß er und Rosenberg Corpsbrüder waren und Freunde. Wie weit Schickedanz Einfluß auf Rosenberg hatte, wußte ich nicht. Er ist bis zum Schluß bei Rosenberg geblieben und hat sich bei Kriegsende mit seiner Familie das Leben genommen.
Über den Verlauf der Reise Rosenbergs in die Ukraine wurde ich später von einem Bekannten, Christoph von Imhoff, informiert, der als Mitglied einer Propagandakompanie dabei war. Ihm verdanke ich ein seltenes Foto, das Rosenberg und Koch bei der Besichtigung der Festung Sewastopol zeigt, die nach schweren Kämpfen und heroischem Widerstand der Russen am 3. Juli erobert worden war. Rosenberg trat in einer schneeweißen Uniform auf!

Ein russisches Schicksal

Eines Tages übergab mir Irina einen Brief an ihre Mutter und bat mich, ihn zustellen zu lassen. Sie mache sich sicher Sorgen um sie. Sie habe nur geschrieben, daß sie nicht mehr beim SD sei.
»Sie wollen mir die Adresse verraten?« fragte ich überrascht.
»Sie werden ihr sicher nichts tun«, antwortete Irina. »Sie hat mit alledem nichts zu schaffen. Nur hin und wieder übernachtet ein Junge bei ihr, der für die Partisanen einkauft. Sie wohnt am Stadtrand in der Nähe des Waldes.«
»Weiß sie denn, daß Sie verhaftet wurden?«

»Vermutlich. Durch diesen Jungen.«

Ein Fortschritt, dachte ich. Sie begann mir also zu vertrauen. Ich beschloß, den Brief persönlich zu überbringen. Vielleicht konnte ein Gespräch mit der Mutter zum Verständnis Irinas beitragen.

Es öffnete mir eine schmale, schon ergraute Frau, die offensichtlich erschrak, als sie einen Deutschen vor sich sah.

Ich betrat ein einfach, aber geschmackvoll eingerichtetes Zimmer, Bücherregale, eine Standuhr, einige Drucke guter Gemälde, Blattpflanzen und in der Ecke eine schöne alte Ikone.

Die Mutter der fanatischen Kommunistin Irina besaß eine Ikone! Ich dachte an die vielen zu Getreidespeichern, Lagerräumen, Klublokalen zweckentfremdeten Kirchen, die ich während des Vormarsches gesehen hatte.

Als sie den Brief entgegennahm, zitterten ihre Hände. Hastig riß sie den Umschlag auf, besann sich jedoch und bot mir einen Platz an. Dann setzte sie sich und begann den Brief mit gespannter Aufmerksamkeit zu lesen.

Ich betrachtete sie. Ein intelligentes, beinahe zartes Gesicht, das trotz der Spuren, die das Leben hinterlassen hatte, noch schön zu nennen war.

»Wo ist meine Tochter?« fragte sie und faltete den Brief nervös zusammen.

»Sie ist bei einer Armee-Einheit, die ich führe. Sie brauchen sich keine Sorgen zu machen. Es wird ihr vorerst nichts geschehen.«

»Vorerst?« fragte sie angstvoll.

»Soweit es an uns liegt, auch weiterhin. Es wird auch vom Verhalten Ihrer Tochter abhängen. Auf jeden Fall ist ihr Leben bei uns weniger gefährdet als bei den Partisanen.«

Sie sah mich ängstlich und unsicher an. Offenbar wußte sie nicht, was sie sagen, was sie wissen durfte.
»Waren Sie darüber informiert, welche Aufgaben Ihre Tochter hatte?« fragte ich.
»Sie war bei den Partisanen«, erwiderte sie zögernd und sah an mir vorbei. »Das wissen Sie ja.«
»Mag sein, daß sie Ihnen nicht alles gesagt hat«, ergänzte ich. »Sie hatte wichtige Spionageaufträge. Nach Kriegsrecht könnte sie erschossen werden.«
Ich sah, wie ihr Gesicht weiß wurde, von einer plötzlichen fahlen Blässe. Sie tat mir leid. »Wir wollen das vermeiden«, fuhr ich deshalb schnell fort. »Aber wir müssen sicherstellen, daß sie uns nicht mehr schaden kann. Sie schlug vor, uns innerhalb unserer Einheit behilflich zu sein und gab ihr Wort, daß sie nicht fliehen werde. Sie hilft jetzt im Lebensmittellager.«
»Ach so«, ihr Gesicht entspannte sich etwas, doch schien sie immer noch voller Angst.
»Es gibt viel Widersprüchliches im Charakter Ihrer Tochter, das ich nicht ganz verstehe«, fuhr ich fort. »Ich hätte gern mehr von ihr gewußt, von ihrer Entwicklung, ihren Erlebnissen. Sie müßten eigentlich spüren«, fügte ich hinzu, »daß ich es gut mit ihr meine.«
Sie sah mich überrascht, und wie mir schien, prüfend an. Dann sagte sie leise: »Ich glaube Ihnen. Ich danke Ihnen.« Sie zögerte noch einen Moment, dann begann sie langsam und überlegt zu sprechen.
»Mein Vater war ein hoher Beamter des Zaren. Sie werden wissen, daß damals viele Kinder guter Familien revolutionäre Gedanken hatten und sich für eine Beseitigung der Mißstände des Zarentums begeisterten. In der Universität schloß ich mich einer revolutionären Gruppe an und lernte

dort meinen Mann kennen. Er war ein Bauernsohn. Ein deutscher Gutsverwalter, dem seine Intelligenz aufgefallen war, hatte ihm das Studium ermöglicht. Als die Revolution ausbrach, schloß er sich ihr mit Begeisterung an. Wir heirateten. Kurz nach Irinas Geburt fiel er bei den Kämpfen gegen die weißen Truppen unter Wrangell. Sehr bald merkte ich, daß es nicht die Revolution wurde, für die wir gekämpft hatten. Ich zog mich von jeder politischen Tätigkeit zurück und verdiente den Lebensunterhalt für uns beide durch Sprachunterricht. Irina wuchs im Komsomol auf und glaubte an die Parolen der Regierung. Wenn ich zu bremsen versuchte, sagte sie: Mein Vater ist für die Revolution gestorben. Sie wollte ihm nacheifern. Tatsächlich ähnelt sie ihm sehr. Er war Idealist. Unsere großen Dichter beeinflußten ihn. Er war auch ein großer Freund der Deutschen und stellte sie immer als Beispiel hin für unsere korrupten Beamten. Das ist der Grund, warum Irina beschloß, Germanistik zu studieren. Alles, was ich ihr von ihrem Vater erzählte, war für sie Vorbild. Als Stalin den Pakt mit Hitler schloß, war sie begeistert. Um so empörter war sie, als Hitler den Pakt brach und uns überfiel. Sie hat sich sofort zum Einsatz bei den Partisanen gemeldet. Ich konnte sie nicht daran hindern. Es ist sozusagen eine enttäuschte Liebe.«

Ich hatte gespannt zugehört. »Mag sein«, sagte ich, »aber da ist viel Unberechenbares, Aggressives in ihrem Verhalten über das normale Maß hinaus.«

Ihr Gesicht war nun entspannt. Es drückte Vertrauen aus. »Sie haben sich viele Gedanken über Irina gemacht«, sagte sie dankbar. »Aber ich kann ihnen darauf auch keine Antwort geben. Sie war immer sehr verschlossen, was ihre privaten Gefühle anging. Manchmal ist sie unbeherrscht, aber sie wird nie etwas Unanständiges, Gemeines tun. Wenn sie Ihnen ihr Wort gegeben hat, wird sie es halten. Bitte«, sie hatte Tränen in den Augen, »retten Sie sie, wenn Sie können!«

Ich erhob mich. »Was ich kann, werde ich tun. Ich danke Ihnen, daß Sie so offen mit mir gesprochen haben. Es wird mir helfen, Ihre Tochter besser zu verstehen. Ich werde veranlassen, daß Irina Sie in den nächsten Tagen besuchen kann.«

»Oh danke!« Ihr Gesicht rötete sich vor Freude. »Wenn das möglich wäre!«

Ich verabschiedete mich und fuhr nachdenklich nach O-grad zurück.

»Sie haben eine sehr sympathische und kluge Mama«, sagte ich, als ich zu ihr ging.

»Sie waren selbst da?« fragte sie überrascht.

»Ja, ich wollte wissen, was für eine Mutter Sie haben. Sie können sie besuchen. Krause muß nachher sowieso nach Brjansk. Er kann Sie hinbringen und dann wieder abholen.«

»Sie wollen mich unbewacht bei meiner Mutter lassen, wenige Minuten vom Wald entfernt?«

»Sie gaben mir Ihr Wort«, sagte ich ruhig.

Sie sah mich an, schien noch etwas sagen zu wollen, sagte aber dann nur: »Dann will ich noch schnell die Rationen austeilen.«

Nach dem Besuch bei ihrer Mutter änderte sich das Verhalten Irinas. Sie war ausgeglichener, nicht mehr aggressiv. Offenbar hatte sie nun Vertrauen gefaßt.

Mir selbst fiel es immer schwerer, Distanz zu halten. Ich gestand mir ein, daß sie mir immer besser gefiel, daß sie mich beschäftigte, daß ich sie begehrte.

Ich wußte nicht, was sie für mich empfand. Manchmal

schien es mir, als sei auch ich ihr nicht gleichgültig. Einige Male ertappte ich sie dabei, wie sie mich ansah, wenn sie sich unbeobachtet fühlte. Sobald ich es bemerkte, wandte sie den Blick ab.
An den Abenden mit den Offizieren gab sie sich nun auch gelassener und offener. An einem dieser Abende – es war spät geworden und wir hatten viel getrunken – begleitete ich sie zu ihrem Zimmer, nachdem sich die Offiziere verabschiedet hatten. Sie öffnete die Tür und ging hinein. Ich folgte ihr und blieb in dieser Nacht bei ihr.
Von da an schien sie mir fast wie ein anderer Mensch. Sie war offen und zärtlich und gab sich ganz in meine Hände. Ich mußte an die Worte Pogóshews denken: ›Liebe ist keine Kartoffel...‹ Ich war nun sicher, daß sie nie etwas gegen mich unternehmen würde.

Der Fall Gurow

Anfang Januar rief Seebach an. »Es ist etwas Unangenehmes passiert. Ein russischer Offizier vom Artillerie-Regiment 37 wollte mit einigen Gesinnungsgenossen das Waffenlager in die Luft sprengen und zu den Partisanen überlaufen. Er galt bisher als politisch absolut zuverlässig und war mit den deutschen Offizieren der Einheit befreundet. Er heißt Jan Gurow. Der General wünscht, daß Sie ihn vernehmen. Er möchte den Grund für diesen Sinneswandel wissen.«
Im Gefängnis von Brjansk fand ich einen intelligenten, beherrschten Mann vor, der sofort alles zugab. »Ich weiß, daß ich erschossen werde«, sagte er. »Ich habe nur eine

Bitte: verschonen Sie die Männer, die mit mir gehen wollten. Es ist meine Schuld. Ich habe sie beeinflußt.«
»Gut«, sagte ich. »Aber ich hätte gern gewußt, was Sie zu diesem Plan veranlaßt hat. Wie ich hörte, hatten Sie ein gutes Verhältnis zu den deutschen Offizieren. Hat man Ihnen in irgendeiner Form Unrecht getan?«
»Im Gegenteil. Alle deutschen Offiziere haben mich als gleichberechtigten Kameraden behandelt. Mein Entschluß hat andere Gründe. Ich muß etwas weiter ausholen. Ich war Waise. Der Sowjetstaat hat mir das Studium ermöglicht. Persönlich habe ich also nichts Schlechtes erfahren. Bei Kriegsbeginn wurde ich als Offizier einberufen und geriet schon 1941 bei Kiew in Gefangenschaft. Zum ersten Mal sah ich, der Großstädter, wie sehr die Bauern das Stalinregime haßten. Die Zwangskollektivierung hatte Millionen Opfer gefordert. Ältere Bauern erzählten, daß sie im Ersten Weltkrieg als Gefangene von den Deutschen gut behandelt worden waren und lobten die Deutschen als anständig und tüchtig. Unter dem Eindruck dieser Erlebnisse war ich bereit, vorurteilslos zu prüfen, was die Deutschen zu bieten hatten. Als mir eine deutsche Einheit vorschlug, bei ihr zu bleiben, sagte ich zu und war überrascht über das kameradschaftliche Entgegenkommen der deutschen Offiziere. Daraus schloß ich auch auf die politischen Ziele der Deutschen, auf eine gleichberechtigte Freundschaft zwischen unseren Völkern.
Im Laufe der Zeit aber mehrten sich die Anzeichen, daß die Deutschen nicht Befreiung, sondern Eroberung, Kolonisierung wollten. Den Ausschlag gab schließlich eine Reise nach Warschau, wo ich mit Offizieren aus meiner Einheit neue Geschütze abholte. Ich sah ein Terrorregime, das den Polen keinerlei Rechte einräumte. Polen war als Staat vernichtet.

Viele hervorragende Vertreter des polnischen Volkes waren umgebracht worden. Das also, dachte ich, ist das Los eines von den Deutschen besiegten Volkes. – Was sollte ich tun? Ich bin als Pragmatiker erzogen. Sollte ich mich erschießen? Wem hätte das genutzt? Also beschloß ich, meinem Vaterland zu dienen, wie schlecht sein Regime auch sein mochte. Ich wollte zu den Partisanen gehen, die ich zuvor ein Jahr lang bekämpft hatte.«

Ich war berührt von diesem Schicksal, das typisch war für die Tragödie unzähliger russischer Menschen. Was sollte ich diesem Mann sagen, der sich mit Mut zu seiner Tat bekannte und phrasenlos bereit war, die Konsequenzen zu tragen? Schuldig war im Grunde nicht er. Schuldig war die deutsche Führung mit ihrer absurden Ostpolitik.

»Ich verstehe Ihre Motive«, sagte ich schließlich. »Die deutsche Führung hat ohne Zweifel Fehler gemacht, aber die Wehrmacht bemüht sich, eine Änderung durchzusetzen. Wäre es nicht richtiger gewesen, abzuwarten, sich Ihren deutschen Kameraden anzuvertrauen?«

»Mag sein«, erwiderte Gurow, »aber ich glaubte nicht mehr an eine Wende.«

Ich sagte, daß ich dem General über unser Gespräch berichten würde und reichte ihm die Hand.

Er schien überrascht. Dann ergriff er meine Hand und drückte sie dankbar.

Gleich nach meiner Rückkehr verfaßte ich einen ausführlichen Bericht an den Armeestab und an General Bernhard, der als Kommandeur des Rückwärtigen Armeegebietes in diesem Fall für das Urteil zuständig war und empfahl, im Hinblick auf die Haltung Gurows, ihn nicht erschießen zu lassen, sondern in ein Gefangenenlager zu überweisen.

Kurz darauf rief mich Seebach an und sagte, der General

halte diesen Bericht für so typisch und wichtig, daß er ihn an das Oberkommando des Heeres weitergegeben habe.

Einige Tage später wurde mir ein Brief zugestellt, der versehentlich bei einem in der Nähe stationierten Abwehrtrupp abgegeben worden war. Der Brief war von Gurow mit Vermerk der Gefängnisverwaltung: ›Auf Wunsch des Gefangenen Jan Gurow Sonderführer Steenberg zuzustellen‹.

Gurow schrieb:

»Sehr geehrter Herr Sonderführer!

Entschuldigen Sie die Belästigung, die dieser Brief für Sie darstellen muß. Ich bitte Sie, ihn als Mensch zu lesen. Nach dem Verhör, daß Sie neulich durchführten, verstand ich, sowohl aus dem, was Sie sagten, als auch aus Ihrem Verhalten, daß ich in Ihnen nicht den Feind sehen muß und – was wertvoller ist –, daß auch Sie mich nicht mit den Augen des Feindes ansahen.

Ihre Haltung, Ihr Verhalten mir gegenüber und der Inhalt Ihrer Worte veranlaßten mich, ernsthaft darüber nachzudenken, wie es kommt, daß man sich mir gegenüber so verhält, obwohl ich in Ihren Augen doch der Schuldige bin, der seine dunkle Tat ausführen wollte. Verständlicherweise ist meine augenblickliche Lage besonders geeignet, mich zu einer Überprüfung meines Lebens und Wirkens auf ihre Richtigkeit und Zielhaftigkeit hin zu veranlassen.

Vor allem muß ich immer wieder darüber nachdenken, wie es kommt, daß die Deutschen in der Lage sind, soviel Großmut und Menschlichkeit ihren Feinden entgegenzubringen, und ich mußte daran denken, wie sich die sowjetischen Behörden in solchen Fällen verhalten. Ich brauche nicht zu betonen, daß der Unterschied kraß ist und daß ein Vergleich nicht zugunsten der Russen ausfällt.

Mit mir befinden sich hier Gefangene, die vor dem Krieg

viele Jahre in Konzentrationslagern zubringen mußten, ohne irgendeine Schuld auf sich geladen zu haben. Auch die Erzählungen dieser Leute haben mir über vieles die Augen geöffnet, was ich vorher nicht wußte. Hinzu kommt, daß ich die von der Gefängnisverwaltung zur Verfügung gestellten Schriften zum ersten Mal als Folge des Gespräches mit Ihnen mit objektiven Augen und mit dem Bemühen, die Absichten der Deutschen zu ergründen, las.

So erkannte ich vieles, was mir vorher nicht erreichbar war. Alles dieses veranlaßt mich zu einer Revision meiner Weltanschauung. Es wäre eine Lüge, wenn ich behaupten würde, daß alles Vergangene schon abgeworfen wäre und ich zu einem erklärten Feind des Kommunismus geworden wäre – aber ich bin auf dem Wege dahin. Herr Sonderführer! Ich bitte Sie als Menschen, der bewußt und klar seine Weltanschauung vertritt und als Freund des russischen Volkes und Menschen, mir bei der Umstellung zu helfen, wenn es nicht schon zu spät ist und wenn Sie etwas Einfluß auf mein Schicksal haben. Ich meinerseits, wenn Sie mir glauben wollen, werde mich, sollte ich am Leben bleiben, bemühen, Ihr Vertrauen in jeder Hinsicht zu rechtfertigen. Außerdem bitte ich Sie, falls es Ihre Zeit erlaubt, mir noch ein paar Minuten zu opfern, weil es leichter ist, über solche Dinge zu sprechen als sie niederzuschreiben.

Nochmals, verzeihen Sie die Belästigung und gewähren Sie mir Hilfe, Jan Gurow.«[1]

Ich überlegte. Konnte ich es riskieren, den Mann zu mir zu nehmen, falls ich die Genehmigung dazu erhielt? Würde er nicht rückfällig werden, wenn die deutsche Politik sich nicht änderte? Doch dann war der Krieg ohnehin verloren.

---

1 Originalbrief im Archiv des Autors.

Ich sprach mit Pogóshew darüber, der sagte: »In jedem Fall wird er Ihnen persönlich gegenüber nie undankbar handeln, und Sie hätten ein Leben gerettet. Nach dem, was Sie von ihm berichten, ein wertvolles Leben.«
Darauf rief ich Seebach an, las ihm den Brief Gurows vor und bat um Genehmigung, den Mann zu mir zu nehmen. Seebach war bereit, die Sache dem General vorzutragen. Wenige Stunden später hatte ich die Genehmigung.
Sofort rief ich die Gefängnisleitung an. »Tut mir leid«, sagte der Kommandant. »Der Mann ist heute früh erschossen worden.«
»Das ist doch nicht möglich!« schrie ich. »Der General hat soeben das Gegenteil entschieden!«
»Befehl vom Armeestab«, sagte der Kommandant. »Übrigens hätte es beinahe eine Meuterei gegeben. Das Exekutionskommando wurde von der Einheit gestellt, in der der Gefangene gedient hatte. Die Leute weigerten sich. Sie sagten, da noch nichts passiert sei, wäre Einweisung in ein Gefangenenlager ausreichend. Erst nach Drohung mit dem Kriegsgericht parierten sie. Der Mann hat sich gut gehalten. Dem Feldwebel, der das Exekutionskommando befehligte, sagte er: ›Zielt gut! Viel Glück für euch!‹ Die Sache ging den Leuten ziemlich an die Nieren.«
Ich war empört und verbittert. Wäre der Brief nicht fehlgeleitet worden, würde der Mann noch leben. Am meisten bedrückte mich der Gedanke, daß Gurow nun in dem Glauben gestorben war, ich hätte ihn nicht mehr sprechen wollen, hätte ihm diese letzte Bitte nicht erfüllen wollen.[1]

---

[1] Die Unterlagen über den Fall Gurow befinden sich im Institut für Zeitgeschichte in München.

Die Magnet-Minen

Kurz darauf hatten wir einen spektakulären Erfolg:
Eines Morgens wurde ich um 4 Uhr früh geweckt. Vor der Tür stand Pogóshew mit einem fünfzehnjährigen Mädchen, das am Tage vorher von einem Sicherungsbataillon ohne Papiere als partisanenverdächtig eingeliefert worden war. Als er sie vernahm, hatte sie vor Angst gezittert und geweint und immer wieder versichert, daß sie nichts mit den Partisanen zu tun habe. Es war offensichtlich, daß sie log. Bérkutow, der in der Nacht als Wache eingeteilt war, hatte sie dann erkannt. Sie war Waise und arbeitete bei einem Waldbauern. Da sie unverdächtig war, hatten die Partisanen sie gezwungen, in Brjansk Lebensmittel und Medikamente für sie einzukaufen. Sie hatte Angst erschossen zu werden.
Diese Angst hatte ihr Bérkutow aus eigener Erfahrung nehmen können, worauf sie gestand, daß sie sich am nächsten Morgen um 7 Uhr morgens mit einem wichtigen Agenten der Partisanen treffen solle. Er heiße Andrej Koshéwnikow und gehöre zur Brigade Duká. Darauf hatte Bérkutow Pogóshew geweckt. Ein neuer Beweis seiner Zuverlässigkeit.
»Werden Sie auch wirklich Koshéwnikow nicht sagen, daß ich ihn verraten haben?« fragte sie zitternd vor Angst.
Ich beruhigte sie. Ich würde halten, was ich versprochen hatte. Außerdem würde ich sie in einer meiner Außenstellen unterbringen, wo sie in der Küche helfen könne.
Wir weckten Krause und fuhren mit einem LKW und einem PKW an den Stadtrand, wo Koshéwnikow aus dem Walde kommen sollte.

Die Straße war wenig belebt. Einige Männer gingen zur Arbeit. Plötzlich umkrampfte das Mädchen meinen Arm. »Da kommt er!« Dann verkroch sie sich unter einer Decke im Hintergrund des Lastwagens.

Koshéwnikow, ein großer, blonder, noch junger Mann, kam schnell näher und machte keinerlei Versuch, seinen Weg zu ändern, als er die Wagen sah.

Wir traten an ihn heran, und ich sagte: »Kontrolle. Ihren Ausweis bitte!«

Pogóshew stand hinter mir. Für alle Fälle hatte er seine Pistole entsichert.

Koshéwnikow zog seinen Ausweis aus der Tasche und sagte ruhig: »Ich arbeite bei der Bahn.«

Der von der deutschen Bahnverwaltung ausgestellte Lichtbildausweis war in Ordnung, nur lautete er nicht auf den Namen Koshéwnikow.

»Kommen Sie mit«, sagte ich. »Wir müssen das überprüfen.«

»Moment!« Koshéwnikow holte einen zweiten Ausweis aus der Tasche. »Ich arbeite für den SD.«

Tatsächlich, da stand schwarz auf weiß, daß Borís Smirnów für den SD arbeite. Alle Dienststellen wurden gebeten, ihm auf Wunsch behilflich zu sein. Nicht schlecht, dachte ich. Ein Sowjetagent als V-Mann des SD!

»Kommen Sie trotzdem mit«, sagte ich. »Wir haben noch einige Fragen.« Dabei griff Pogóshew in den Hosenbund des Mannes und holte eine kleine Pistole heraus. Wir wußten, daß alle Agenten solche Pistolen trugen.

Doch auch das schien Koshéwnikow nicht zu erschüttern. »Die brauche ich als V-Mann zu meinem Schutz«, behauptete er.

Bei der in O-grad vorgenommenen Leibesvisitation wurde

nur ein Zettel gefunden, auf dem drei Decknamen standen: der Glatzköpfige, der Rothaarige, der Alte. Hinter jedem Namen stand eine Zahl und ein M.

Trotz stundenlangen Verhörs bestritt Koshéwnikow, irgendetwas mit Partisanen zu tun zu haben. Er heiße Smirnów und wohne in Brjansk, was leicht nachzuprüfen sei. Der Zettel sei belanglos. Ein Schreibspiel, das zufällig in seiner Tasche geblieben sei.

Ich fragte das Mädchen, was das M zu bedeuten habe.

Sie sagte sofort: »Minen.«

Das hatten auch wir vermutet. Die Partisanen benutzten englische Magnetminen mit Zeitzünder.

Eine Gegenüberstellung mit dem Mädchen hätte alles geklärt, aber ich wollte mein Wort halten.

Nun ging ich zu Irina. »Gibt es bei Duká einen Andrej Koshéwnikow?«

»Ja. Er leitet die Sabotageabteilung. Warum fragst du?«

»Weil er hier ist.«

»Ihr habt ihn gefaßt?« rief sie überrascht. »Ihr arbeitet nicht schlecht, das muß man euch lassen! Was wird aus ihm?«

»Das ist ein Problem. Er hat an drei Stellen Magnetminen deponiert. Er behauptet, nichts zu wissen, obgleich der diesen Zettel bei sich hatte. Kennst du die Decknamen?«

»Nein. Und wenn ich sie kennen würde, würde ich es dir nicht sagen.«

»So, und daß nicht nur Deutsche, sondern auch Russen sterben würden, ist dir gleich?«

Irinas Gesicht verschloß sich. »Es ist mir nicht gleich. Aber es ist Krieg.«

»Gut, aber du wirst verstehen, daß ich mit allen Mitteln verhindern muß, daß die Minen losgehen. Es gibt nur zwei Möglichkeiten: Ich übergebe ihn dem SD. Dann wird er

erschossen, ob er spricht oder nicht. Nennt er aber uns die Anlaufstellen, werde ich dafür sorgen, daß er in ein Gefangenenlager kommt.«
»Er wird weder hier noch beim SD reden.«
»Wir müssen es wenigstens versuchen. Ich möchte, daß du ihm das sagst. Er wird dir mehr glauben als mir.«
Irina war unschlüssig. Schließlich sagte sie: »Gut, ich werde es ihm sagen, auch wenn es zwecklos sein wird.«
Als wir die Zelle betraten, sagte Irina: »Guten Tag, Andrej.«
»Ich heiße nicht Andrej«, knurrte er mit dem Versuch, sie zu beeinflussen. »Ich weiß nicht, was man von mir will.«
Irina wußte nicht, daß gerade diese Identifizierung für mich wichtig war. Ich kam mir etwas schäbig vor, weil ich es ihr nicht gesagt hatte. Deshalb sagte sie verständnislos: »Aber Andrej, sie wissen doch, wer du bist!«
Koshéwnikow keuchte einen nicht wiederzugebenden Fluch heraus.
Ich verließ die Zelle. Irina sollte allein mit ihm reden.
Nach wenigen Minuten kam sie bleich heraus. »Ich habe dir gesagt, daß es zwecklos ist. Er hat mich beschimpft, gesagt, ich sei eine Verräterin.«
Ich ließ Pogóshew rufen. Der überlegte kurz und sagte dann: »Beim SD wird er nichts sagen, weil er weiß, daß er in jedem Fall erschossen wird. Vielleicht wirkt bei uns im Unterbewußtsein doch die Chance, am Leben zu bleiben. Aber nachhelfen werden wir müssen.«
»Wie?« fragte ich verständnislos.
»Nicht so brutal wie beim SD, aber sehr wirksam. Man müßte ihn mit Ladestöcken der Gewehre schlagen. Das machen die Partisanen. Es hat den Vorteil, daß keine ernsten Verletzungen entstehen.«

»Aber Sie wissen doch, daß wir prinzipiell keine Mißhandlungen dulden!«

»Wollen Sie«, gab Pogóshew zu bedenken, »daß in sechs oder zwölf oder vierundzwanzig Stunden irgendwo ein Urlauberzug, ein Treibstofflager oder ein Munitionsdepot in die Luft fliegt? Lassen Sie uns das machen! Sie brauchen nicht dabei zu sein. Wir müssen es wenigstens versuchen. Wo so viel auf dem Spiel steht, können wir uns Humanität nicht leisten. Was meinen Sie, würde man drüben in so einem Fall tun?« Er erhob sich und legte mir begütigend die Hand auf die Schulter.

Als er gegangen war, sagte ich: »Ich bin dem Schicksal dankbar, daß ich einen Posten habe, wo ich zuweilen helfen kann. Aber jetzt wäre ich lieber ein einfacher Dolmetscher ohne Verantwortung und Entscheidungsgewalt.«

»Du tust deine Pflicht«, sagte Irina leise. »Aber Pogóshew ist Russe, und die Leute, die ihn jetzt schlagen werden, sind auch Russen. Wie ist so etwas möglich nach fünfundzwanzig Jahren Kommunismus?«

»Der Preis eurer Revolution war zu hoch«, sagte ich. »Pogóshew liebt sein Vaterland wie du. Er riskiert sein Leben für ein Ideal, das nicht das kommunistische ist.«

Irina sah mich gequält an. »Wenn ich nur wüßte, was richtig ist. Seit ich dich kenne, ist alles unklar geworden.«

»Laß dir Zeit. Sprich einmal mit Pogóshew, ohne Vorbehalte, ohne Voreingenommenheit. Er ist ein kluger Mann, und er ist Russe.«

Nach einer Weile kam Pogóshew zurück. »In Ordnung«, sagte er. »Er hat alles gesagt.«

»Das kann doch nicht wahr sein!« rief Irina. »Das hätte ich nie gedacht!«

»Ist er verletzt?« fragte ich.

»Keine edlen Teile. Ein paar Striemen. Einige Tage wird er nicht sehr gut schlafen. Das ist alles.«
Ich atmete erleichtert auf. »Sie hatten recht, Pogóshew. Nehmen Sie ein paar Leute und heben Sie die drei in der Nacht aus – mit den Minen, das ist die Hauptsache!«
Alles lief planmäßig ab. Achtzehn Magnetminen und drei Pistolen wurden sichergestellt.
In meinem Bericht hatte ich die Mitwirkung Irinas bei der Identifizierung Koshéwnikows erwähnt. Ich wollte ihre Nützlichkeit beweisen, um ihre Anwesenheit in meinem Kommando zu rechtfertigen.
Seebach rief an und sagte, der General sei des Lobes voll.

Gespräch mit General Wlassow in Mogiléw

Durch den Hauptmann Strik-Strikfeldt, mit dem ich in Briefwechsel stand, erfuhr ich, daß General Wlassow Ende Februar 43 eine Reise ins besetzte Gebiet der Heeresgruppe Mitte unternehmen wollte und dabei auch das Kosakenregiment Kónonow besuchen werde.
Strik-Strikfeldt arbeitete in der Abteilung ›Fremde Heere Ost‹ des Oberkommandos des Heeres, die vom Oberst i. G. Reinhard Gehlen geführt wurde. Auch Gehlen war ein Gegner der Gewaltmethoden Hitlers.
Strikfeldt setzte sich mit viel Zähigkeit und Zivilcourage für Wlassow ein, der sich bereit erklärt hatte, die Führung einer Befreiungsbewegung zum Sturz des Stalinregimes zu übernehmen.
Schon im Oktober 1941 hatte er im Auftrag des Ia der Heeresgruppe Mitte, Oberst von Tresckow, einen Plan für

die Aufstellung einer russischen Befreiungsarmee von zunächst 200000 Mann ausgearbeitet. Anstoß dazu hatte ein vom russischen Bürgermeister von Smolensk und zehn anderen Persönlichkeiten der Stadt unterzeichnetes Memorandum an Hitler gegeben, in dem als Voraussetzung für einen schnellen Sturz des Sowjetregimes die Garantie der Unabhängigkeit Rußlands, die Konstituierung einer Gegenregierung und die Aufstellung einer Befreiungsarmee vorgeschlagen wurde. Es sei Zeit, den Krieg in einen Bürgerkrieg zu verwandeln.

Strikfeldts Plan wurde an den Oberbefehlshaber des Heeres, Generalfeldmarschall von Brauchitsch, und an das Führerhauptquartier gesandt.

Während die Eingabe von Brauchitsch mit dem Vermerk: »Halte ich für kriegsentscheidend« zurückgekommen war, kam aus dem Führerhauptquartier der lakonische Bescheid: »Politische Dinge gehen die Heeresgruppe grundsätzlich nichts an. Solche Gedanken sind außerdem für den Führer indiskutabel.«

Über Seebach erwirkte ich die Genehmigung für die Fahrt nach Mogilêw. Ich meldete mich beim Begleiter und Dolmetscher Wlassows, Hauptmann Peterson, der mir interessante Einzelheiten von der Reise berichtete. Besonderen Eindruck hatte Wlassows Besuch beim Kosakenregiment Kónonow hinterlassen. Im allgemeinen kamen Überläufer wegen der strengen Bewachung einzeln oder in kleinen Gruppen. Es hat nur einen Fall gegeben, daß eine Einheit geschlossen überging: das 436. Schützenregiment unter Führung seines Kommandeurs Kónonow.

Kónonow war Absolvent der Militärakademie, Parteimitglied und Träger hoher Orden. Persönlich war er, wie auch Wlassow, vom Regime nicht verfolgt worden. Aber er hatte den Terror Stalins erlebt, dem die besten Offiziere der Roten Armee zum Opfer gefallen waren. Und er kannte die Stimmung seiner Soldaten.

Als das Regiment während des Rückzuges die Nachhut der Division bildete, sandte er einen seiner Offiziere mit einem Schreiben zu den Deutschen, in dem er den Übertritt seiner Einheit anbot, unter der Bedingung, daß ihm die Teilnahme an der Aufstellung einer Befreiungsarmee zum Sturz Stalins garantiert werde. Als er eine positive Antwort erhielt, erklärte er zunächst den Offizieren des Regiments, was er vorhatte, wobei er jedem freistellte, zu bleiben. Dieser Vorgang war für sowjetische Verhältnisse so unerhört, daß sich dem Regimentskommissar Pántschenko, wie er später erzählte, die Haare sträubten.

Es erwies sich, daß, abgesehen von zwei Politruks, alle bereit waren, mit ihm zu gehen. Darauf ließ er das Regiment antreten und teilte seinen Entschluß mit. Auch hier stellte er jedem frei, bei der Roten Armee zu bleiben. Es folgten ihm alle. Am 22. August 41 führte er sein Regiment zu den Deutschen.

Kónonow hatte das Glück, auf den General Graf Schenkkendorff zu treffen, der ein erklärter Gegner der Hitlerschen Ostpolitik war. Er versprach alles zu tun, um bei Hitler die Genehmigung für eine Befreiungsarmee zu erreichen. Inzwischen genehmigte er aus eigener Machtvollkommenheit die Aufstellung eines Kosakenregiments.

Kónonow, selbst Donkosak, gab sich damit zufrieden, weil er nicht daran zweifelte, daß die deutsche Führung diese Chance nutzen werde. Er warb in verschiedenen Gefangenenlagern für seine Einheit. Im Lager Mogiléw meldeten sich von 5000 Gefangenen mehr als 4000, von denen er nur fünfhundert, vor allem Kosaken, auswählte.

Schenckendorff verlas persönlich vor dem angetretenen Regiment den Tagesbefehl des OKH, wonach das Regiment unter der Bezeichnung ›120. Don-Kosaken-Regiment‹ bestätigt wurde. Die Standarte des Regiments hielt der Donkosak Belogradow, der zwölf Jahre in Konzentrationslagern Stalins zugebracht hatte und dessen zwei Brüder und vier Söhne von der Geheimpolizei ermordet worden waren.

Später wurde eine besondere Panzerabteilung gebildet, die unter der Bezeichnung ›17. Kosaken-Panzer-Bataillon‹ mehrfach an der Front eingesetzt wurde.

Bei Wiliki Luki wurden 120 Mann des Regiments in sowjetischen Uniformen durch die Front geschleust. Es gelang ihnen, ein sowjetisches Kriegstribunal mit fünf Kriegsrichtern und einundzwanzig Mann Wachen gefangenzunehmen, 41 bereits zum Tode verurteilte Rotarmisten zu befreien und wichtige Dokumente zu erbeuten.

Verständlich, daß das Auftreten Wlassows das Regiment in der Hoffnung auf die baldige Genehmigung einer großen russischen Befreiungsarmee bestärkte. Kónonow erklärte sofort seine Bereitschaft, sich dem Kommando Wlassows zu unterstellen.

Am Abend sprach dann Wlassow zur Bevölkerung. Der große Saal konnte die Zuhörer kaum fassen. Wlassow war ein guter Redner. Sein tiefer Baß füllte jeden Raum. Er strahlte Autorität, Sicherheit und Überzeugungskraft aus.

Seine Rede hinterließ einen tiefen Eindruck. Ein Russe hatte zu Russen über russische Belange gesprochen. Hitler wurde mit keinem Wort erwähnt, das deutsche Volk als gleichberechtigter Partner begrüßt. Das Ziel war eindeutig und klar: die Befreiung des Vaterlandes vom Bolschewismus, die Schaffung eines freien, demokratischen Rußland.

Das war es, was diese Menschen erhofften, wofür sie bereit waren zu kämpfen.

Nach der Rede konnte ich Wlassow allein sprechen. Ich war gespannt auf diesen Mann, von dem ich so viel gehört hatte und auf den so viele Menschen ihre Hoffnungen setzten.

Er war ein Hüne von Gestalt mit grobflächigem Gesicht, großem, breitlippigem Mund und hoher Stirn über intelligenten Augen hinter dicken Brillengläsern.

Seine Karriere war auch für sowjetische Verhältnisse atemberaubend gewesen. Im Jahre 1900 als achtes Kind eines armen Dorfschneiders geboren, gab ihm nur die Kirche die Chance einer Ausbildung. So besuchte er eine geistliche Schule und anschließend ein Priesterseminar. Als die Revolution Freiheit, Abschaffung der Klassen und Land versprach, schloß er sich ihr an, nahm am Bürgerkrieg teil und beschloß, Offizier zu bleiben. 1940, noch nicht 40 Jahre alt, hatte er es zum Generalmajor gebracht und wurde mit dem Leninorden ausgezeichnet. Bei Beginn des Kriegcs war er Kommandeur des IV. Panzerkorps. Während der Schlacht um Kiew gelang ihm mit einigen Tausend Mann und wenigen Panzern der Ausbruch nach Osten.

Im Winter 1941 zwang er die sieggewohnten Deutschen vor Moskau zum Rückzug. Als Retter Moskaus wurde er weltweit bekannt. Zum Generalleutnant befördert, wurde er stellvertretender Oberbefehlshaber der NW-Front.

Als der gegen seinen Rat von Stalin befohlene Vorstoß nach Leningrad in den Wolchow-Sümpfen steckenblieb, übernahm er persönlich das Kommando über die 2. Stoßarmee. Doch es war zu spät. Die Armee wurde aufgerieben. Wlassow geriet, halb verhungert, in Gefangenschaft und wurde in das Offizierssonderlager des OKH nach Winniza eingewiesen.

In diesem Lager, das ohne Wissen der obersten Führung für 80 bis 100 ausgewählte Gefangene eingerichtet worden war, hatte die Leitung der russische sprechende Balte Hauptmann Peterson von der Abteilung ›Fremde Heere Ost‹.
Hier traf Wlassow mit anderen hohen Offizieren zusammen. Zum ersten Mal bestand die Möglichkeit einer offenen Aussprache. Und es war bezeichnend für die Stimmung in der Roten Armee, daß sofort Möglichkeiten zum Sturz des Stalinregimes diskutiert wurden. Es wurde eine Denkschrift verfaßt, die zum Ausdruck brachte, daß die Mehrheit der Bevölkerung und auch der Armee einen Sturz des Regimes begrüßen werde. Es müsse jedoch eine russische Armee aufgestellt werden, denn nur eine solche Befreiungsarmee, die für die Interessen Rußlands kämpfe, werde nicht als Verrätereinheit betrachtet werden. Außerdem müsse garantiert werden, daß nicht Eroberung, sondern Befreiung geplant sei. Es unterschrieben Wlassow und der Oberst i. G. Bojarski.
Eine Reaktion erfolgte nicht. Alle Vorstöße der Wehrmacht beim Führerhauptquartier blieben erfolglos.
Nun konnte man nur noch auf die Kraft vollendeter Tatsachen hoffen. Es wurde eine Proklamation verfaßt, die in Millionen Exemplaren verbreitet werden sollte. Vielleicht würde die erhoffte Reaktion auch Hitler überzeugen.
Die Proklamation forderte Beseitigung des kommunistischen Systems und Abschluß eines ehrenvollen Friedens mit Deutschland. Sie versprach Abschaffung der Zwangsarbeit, Freizügigkeit für die Arbeiter, Wiederherstellung der Privatwirtschaft und Rückgabe des Kollektivlandes an die Bauern; sie garantierte Freiheit des Wortes, der Presse, der Religion. Unterschrieben wurde sie von Wlassow und Generalmajor Malyschkin.

Das OKW genehmigte das Manifest als Propagandaaktion jenseits der Front. Da es sich um ein politisches Programm handelte, mußte auch das Reichsministerium für die besetzten Ostgebiete befragt werden. Doch Rosenberg weigerte sich zunächst, weil er befürchtete, das Flugblatt werde dem Großrussentum Vorschub leisten und die von ihm betreuten Minoritäten brüskieren. Erst im Januar 1943 gab er schließlich seine Genehmigung.

Der Erfolg übertraf alle Erwartungen. Alle Armeen meldeten ein schlagartiges Ansteigen der Zahl der Überläufer, die verlangten, zu Wlassow und der Befreiungsarmee gebracht zu werden. Auch in den besetzten Gebieten, wo ›versehentlich‹ ebenfalls Flugblätter abgeworfen wurden, hatte sich der Bevölkerung eine erwartungsvolle Erregung bemächtigt. Man schöpfte neue Hoffnung, daß nun in letzter Stunde doch noch die Vernunft siegen werde.

Da jedoch wiederum nichts Konkretes passierte, verbreiteten die Partisanen das Gerücht, es gäbe weder ein Komitee noch eine ROA, noch Wlassow. Alles sei nur ein Propagandatrick.

Um dem entgegenzutreten, hatten die Heeresgruppen auf ein persönliches Auftreten Wlassows in den besetzten Gebieten gedrängt. Das sei auch wichtig für die Moral der Freiwilligenverbände.

So kam es zu dieser ersten Reise Wlassows.

Da er sich geweigert hatte, eine deutsche Uniform anzuziehen, wurde für ihn eine Phantasieuniform besorgt: schwarze Hose mit roten Generalsstreifen, ein dunkelbrauner Rock ohne Schulterstücke und ein ebensolcher Mantel mit roten Aufschlägen.

So trat er mir entgegen, als ich ihn nach seiner Rede aufsuchte. Als ich mich auf Wilfried Strik-Strikfeldt berief, entspannte sich sein Gesicht. »Wilfried Karlowitsch«, sagte er warm. »Er ist ein wahrer Freund.«

Und dann, als wir uns gegenübersaßen, war kaum noch etwas von der Zuversicht zu spüren, die er in seiner Rede ausgestrahlt hatte. Er war bedrückt und beschwerte sich über die undurchsichtige Haltung der deutschen Führung. Hitler habe er nicht sprechen können. Offenbar mißtraue man ihm, und seine Freunde in der Wehrmacht hätten wohl nicht genug Macht. Dabei sei doch einem jeden vernünftigen Menschen klar: Man könne ein so riesiges Land wie es Rußland sei, unter keinen Umständen auf die Dauer als Kolonie halten. Nur mit dem russischen Volk als Bundesgenossen sei Stalin zu stürzen. Er kenne alle Generäle der Roten Armee. Sie würden kämpfen. Doch etwas ganz anderes werde es sein, wenn plötzlich an der Front eine starke russische Befreiungsarmee unter russischer Führung auftauchen würde und es eine russische Gegenregierung gäbe, die russische, nicht deutsche Interessen verträte. Es werde ein Dammbruch sein. »Was ich nicht verstehe«, schloß er, »es gibt doch keine Alternative. Entweder Deutschland geht mit den Gegnern Stalins ehrlich und gleichberechtigt zusammen oder es verblutet.«

Am nächsten Morgen sprach ich auch mit Kónonow. Er sagte, die Rede Wlassows habe seinen Leuten wieder Mut gemacht. Sie hätten wieder Hoffnung. Er sei jedoch skeptisch, ob es jetzt, in letzter Stunde, noch gelingen werde, eine Wende der Ostpolitik herbeizuführen. Er kenne Hitler nicht. Aber wenn auch der vorzügliche General Schenckendorff nichts erreicht habe, glaube er kaum noch daran, daß bei Hitler die Vernunft siegen werde. Wie Wlassow sagte er, er könne nicht verstehen, wie Hitler sein Volk in eine Katastrophe führen könne. Vielleicht sei er einer dieser

Menschen, die nicht in der Lage seien, zuzugeben, daß sie sich geirrt haben. Es gehörte Mut dazu, so offen zu reden. Ich freute mich, daß er mir vertraute.
Deprimiert fuhr ich wieder nach O-grad zurück.

»Gar seltsam traf ich dich ...«

Ostern ist für die Russen das wichtigste Fest, weit wichtiger als Weihnachten. Deshalb hatte ich neben den deutschen Offizieren auch einige Vertreter der Stadtverwaltung mit ihren Frauen eingeladen. Auch Grünbaum war aus Lókotj gekommen. Bald herrschte, vom Alkohol beschwingt, eine ausgelassene Stimmung. Pogóshew sang einige seiner Romanzen.
Eine dieser Romanzen, die Irina besonders liebte, hatte ich ins Deutsche übersetzt. Sie hatte den Titel »Karawan« – die Karawane. Pogóshew sang sie an diesem Tag zum ersten Mal in deutscher Sprache:
Gar seltsam traf ich dich, und seltsam wirst du gehen,
Dein leises Lächeln nur schwebt zärtlich noch im Raum;
Und wenn im Geiste wir Vergangnes wieder sehen,
Dann sagen wir – es war ein Traum.
So schaut man auch im heißen Glanz der Wüste
Zuweilen Märchenbilder, buntes Wunderland,
Doch das ist nur Phantom, und ferne bleibt die Küste,
Man quält sich weiter müde durch den Sand.
Mag unsre Zukunft Dunkelheit umwehen,
Wir unsrer Liebe trügerisch Gewand,
Gar seltsam traf ich dich, und seltsam wirst du gehen,
Wie jenes Trugbild überm Sand.

So schaut man auch . . .
Mag uns den Irrenden die Nebelglocke läuten,
Wir finden nie zu unsrem seligen Traum zurück;
Nie können wir einander wahrhaft deuten,
Dies dunkle, rätselvolle Glück.
So schaut man auch . . .

Die deutschen Gäste waren begeistert. Zwar genossen sie die Melodien der russischen Romanzen, doch hier kam das Verständnis des Textes dazu und erhöhte den Genuß.

Irina flüsterte mir zu: »Das ist unsere Romanze – gar seltsam traf ich dich . . .«

Dr. Beljájew, der für eine Stunde herübergekommen war, hatte Irina beobachtet. Als ich ihn hinausbegleitete, sagte er: »Ihre Methode bewährt sich offenbar auch bei der Spionin Irina. Mein Kompliment!«

Die Stimmung wurde immer ausgelassener. Der Prinz küßte Irina die Hand und verkündete: »Sie sind bezaubernd, und ich bin ernstlich in Sie verliebt. Würden Sie mir einen Korb geben, wenn ich Sie um Ihre Hand bitte? Was würden Sie sagen, schöne Irina, wenn Sie Prinzessin wären?«

»Das müßten Sie erst einmal im nüchternen Zustand wiederholen«, lachte Irina. »Und dann müßten Sie mich nach dem Kriege noch einmal fragen, falls wir noch leben und falls nicht einer von uns inzwischen einen anderen liebt.«

»Gemacht!« rief der Prinz. »Sie sind Zeuge, Herr Steenberg! So bleibt mir die Hoffnung, und das ist wahrlich ein Grund, am Leben zu bleiben!«

Es wurde ein rundes Fest, und wir trennten uns erst am frühen Morgen. Die russischen Bomber taten uns den Gefallen, an diesem Tag zu pausieren. So störte nichts die Stimmung, und alle vergaßen für einige Stunden den Krieg.

Als die letzten Gäste gegangen waren, stieg schon die fahle Morgendämmerung am Himmel empor.
Plötzlich war es sehr still nach all dem Trubel.
Irina umarmte mich. »Es war ein schönes Fest! Alle waren so fröhlich und unbeschwert, als gäbe es keinen Krieg. Nur ich mußte zuweilen daran denken, daß ich hier mit unseren Feinden feiere, während die anderen im Walde sitzen. Wenn ich nur schon wüßte, ob du wirklich recht hast! Was wird, wenn ihr den Krieg verliert? Was wird dann aus den Russen, die von euch so viel erhofft haben?«
»Ich weiß es nicht«, sagte ich. »Vielleicht tut dann der Westen, was wir versäumt haben.«
Wir gingen hinüber zu Irina. »Es war schön heute«, sagte sie. Und plötzlich lachte sie hell auf. »Und unser Prinzlein! Wie hemmungslos er mir den Hof machte! Ich hab ihn richtig gern. Es stört dich doch nicht, wenn ich etwas mit ihm flirte?«
»Aber nein. Es freut mich, wenn du auch anderen gefällst.«
Sie sah mich nachdenklich an. »Könntest du eifersüchtig sein?«
»Ich glaube nicht.«
»Du bist«, sie sucht nach einem passenden Ausdruck, »so seltsam sicher – so unbekümmert.«
Ich sah sie fragend an.
»Hast du keine Angst?« fragte sie schnell. »Seit ich dich liebe, habe ich Angst, Angst, dich zu verlieren. Ich glaube, man kann nicht mehr ruhig sein, wenn man wirklich liebt.«
»Angst, deine Liebe zu verlieren, habe ich nicht, Angst *dich* zu verlieren, sehr.«
Sie schmiegte sich an mich. »Ich will jede Minute genießen. Wer weiß, wie lange wir uns noch haben.« Sie küßte mich. »Ich kann dir nichts schenken zu Ostern – nur mich.«

Sie zog mich zum Tisch. Dort lag ihr Foto. Mit strahlendem Lächeln und offenem Haar stand sie unter einem blühenden Baum. Und quer über das Bild hatte sie geschrieben: Denk an mich und schau dann das Foto an – nicht umgekehrt!

Ich betrachtete das Foto. »Du siehst so glücklich und unbeschwert aus.«

»Es ist Jahre her. Ich hatte gerade mein Examen bestanden. Alles lag vor mir. Nie hätte ich an Krieg gedacht.«

»Ohne Krieg hätten wir uns nicht getroffen«, sagte ich.

»Ja«, sie nickte. »Es ist mein Schicksal. Ich hadere nicht mit ihm. Ich bin glücklich, nur – ich habe Angst.«

»Du bist sonst so tapfer«, sagte ich. »Wir müssen an unseren guten Stern glauben.«

»Wen die Götter verderben wollen ...«

Ende April 43 unternahm Wlassow eine zweite Reise in die besetzten Gebiete; dieses Mal zur Heeresgruppe Nord. Es begleitete ihn als Dolmetscher der Rittmeister von Dellingshausen. Über Riga fuhr er nach Pskow. Von dort aus wurden verschiedene Fahrten in andere Orte unternommen, wobei Wlassow nicht nur in Städten, sondern auch auf dem Lande in Dörfern sprach.

Den Verlauf dieser Reise schilderte mir der Oberleutnant Otto Kaehlbrandt, Chef der Propagandaabteilung des OKW in Luga. Der kommandierende General hatte ihn, da er russisch sprach, als Begleiter Wlassows bestimmt. Bei stundenlangen Fahrten hatte Kaehlbrandt Gelegenheit, unter vier Augen mit Wlassow zu sprechen, der auch hier nicht seine Verbitterung, Enttäuschung, ja Verzweiflung über die

Haltung der deutschen Führung verbarg. Er betonte, daß bis zum Herbst etwas geschehen müsse, sonst sei es zu spät, weil die Bevölkerung Rußlands an einen Sieg der Deutschen nicht mehr glauben werde und außerdem die neue, raffinierte Propaganda Stalins sich auswirken werde. Von einem Tag zum anderen hatte er zum nationalen Kampf für das Vaterland, nicht mehr für den Kommunismus aufgerufen. Die Kirchen, bisher erbittert bekämpft, wurden wieder geöffnet, die früher als Kennzeichen der Bourgeoisie geschmähten Epauletten wurden wieder eingeführt, im Namen der alten Nationalhelden, der Zarengeneräle Suworow und Kutusow, wurden Orden gestiftet, ja sogar die Komintern wurde aufgelöst.

Dabei gab es im Sommer 1943 mehr als 600000 Hilfswillige (HIWI) und rund 200000 Angehörige von Freiwilligenverbänden, aus denen jederzeit eine Freiwilligenarmee gebildet werden konnte.

Welch großen Eindruck Wlassows Auftreten gemacht hatte, zeigte sich sehr bald. Zu Kaehlbrandt kamen Männer aus Dörfern, die von Wlassow gehört hatten und baten um Aufnahme in die Russische Befreiungsarmee. Enttäuscht zogen sie ab, wenn man ihnen sagte, daß es noch nicht so weit sei. Es erschien der Bürgermeister eines kleinen Dorfes und meldete, daß die Partisanen in den angrenzenden Wäldern mit ihm Kontakt aufgenommen hätten. Sie seien bereit, geschlossen in die Russische Befreiungsarmee einzutreten. Sie verlangten nur eine Zusage Wlassows. Der brave Mann konnte es gar nicht fassen, daß er mit leeren Händen zurückgehen mußte.

Als ich Seebach und den Prinzen über diesen Bericht informierte, sagte der Prinz nur kurz: Wen sie verderben wollen, den schlagen die Götter mit Blindheit.

Der Baron

Eines Tages erschien wieder einmal der Oberleutnant Schuster von der Propagandakompanie 693 bei mir, der mich schon mehrmals auf Mißstände im Armeegebiet aufmerksam gemacht hatte. Er brachte den Oberleutnant Karow mit, der einem russischen Freiwilligenbataillon im Raum Shisdra angehörte. »Lassen Sie sich erzählen«, sagte Schuster, »was für Idioten man uns hierher als Ortskommandanten schickt. Sie haben von Land und Leuten keine Ahnung und kompensieren ihre Unkenntnis durch Brutalität. Es wird Sie freuen, zu hören, daß ein Landsmann von Ihnen einiges verhindert hat.«
Und dann berichtete Karow: Der neue Ortskommandant hatte ein Sicherungsbataillon angefordert, um, wie er sagte, endlich hart durchzugreifen. Es handelte sich darum, daß einige Dörfer am Rande des Waldes ihr Ablieferungssoll an Lebensmitteln nicht erfüllt hatten. Der Ortskommandant behauptete, das sei Sabotage, sie seien deutschfeindlich und unterstützten die Partisanen. Er werde jetzt ein Unternehmen gegen die Partisanen starten, die Dörfer niederbrennen lassen und die Einwohner in Lager sperren.
Darauf meldete sich der Sonderführer Baron Rosen zu Wort, der seit Beginn der deutschen Besetzung in der Ortskommandatur tätig gewesen war. Er erklärte, daß die Dorfbevölkerung keineswegs partisanenfreundlich sei, schon deshalb, weil einige Männer der Dörfer in Antipartisaneneinheiten Dienst täten, daß sie jedoch schutzlos den Partisanen ausgeliefert seien, die immer wieder Vieh und Lebensmittel requirierten. Das sei der Grund, warum sie ihr Ablieferungssoll nicht erfüllen könnten. Ein Niederbrennen

der Dörfer wäre sinnlos und würde außerdem einen verheerenden Eindruck auf alle Russen in den Freiwilligenverbänden machen.
Der Kommandant fragte höhnisch, was denn er vorzuschlagen habe. Er sei als Balte wohl ein besonderer Russenfreund.
In erster Linie Menschenfreund, hatte der Sonderführer erwidert. Er werde versuchen, die Bewohner zur freiwilligen Übersiedlung in ein früheres Staatsgut zu überreden, wo Arbeitskräfte gebraucht würden und wo sie vor den Partisanen sicher seien.
Der Kommandant fragte, ob er lebensmüde sei. Die Partisanen würden ihn abknallen. Doch schließlich gab er seine Einwilligung.
Tatsächlich gelang es dann dem ›Baron‹, wie er von den Russen, die ihn liebten, genannt wurde, die Übersiedlung durchzuführen. Dadurch wurden nicht nur Menschenleben gerettet, sondern auch politischer Schaden vermieden.
Einige Wochen später erfuhr ich, daß der ›Baron‹ erneut ein Blutvergießen verhindert hatte. Dem Sicherungsbataillon war es gelungen, in einem Waldstück eine kleinere Partisanenabteilung zu umzingeln. Es gab für sie keinen Ausweg mehr. Doch die Aufforderung, sich zu ergeben, beantworteten sie mit Gewehrfeuer. Ein Angriff hätte den Deutschen Verluste gebracht, wenn auch schließlich die Partisanen keine Chance gehabt hätten.
Da meldete sich der Baron, der an dem Unternehmen hatte teilnehmen müssen. Er wußte, daß die Mehrzahl der Partisanen nicht freiwillig kämpfte, sondern von Kommissaren zwangsmobilisiert worden war. Man hielt sie bei der Stange, indem man ihnen sagte, der SD werde sie in jedem Fall erschießen, selbst wenn sie überlaufen würden. Viele

der jetzigen Partisanen kannten ihn von früheren Besuchen in den Dörfern, wobei er immer bemüht war, zu helfen und auszugleichen. Jetzt schlug er vor, er werde den Versuch machen, die Partisanen zur Aufgabe zu bewegen, falls er die Zusage bekäme, daß sie nicht erschossen würden. Der Bataillonskommandeur stimmte zu, sagte aber, er halte die Aktion des Sonderführers für Selbstmord.

Darauf robbte der Baron näher an den Waldrand heran, richtete sich halb auf und rief: »Partisanen! Hier spricht euer Baron. Ihr seid eingekesselt. Ergebt euch! Es wird euch nichts passieren! Kommt heraus! Ihr kennt mich. Ich gebe euch mein Wort. Es passiert euch nichts! Kommt nur!« Und tatsächlich, nach einer Weile kamen erst wenige, dann immer mehr, mit erhobenen Händen aus dem Wald.

Jetzt erhob sich der Baron zu voller Größe und achtete nicht der Gefahr, nun doch noch erschossen zu werden. »Kommt nur!« rief er. »Habt keine Angst!«

Einige grüßten ihn. Eine Frau rief ihm gar lachend zu: »Guten Tag, Baron!«

Staunend hatten die Deutschen zugesehen. Der Bataillonskommandeur fragte später: »Woher kennt man Sie? Wie konnten Sie das riskieren?«

»Ich war mehrmals früher in den Dörfern, aus denen die Leute zu den Partisanen angeworben wurden und konnte auch ein sinnloses Strafunternehmen verhindern«, erwiderte der Baron ruhig. »Russen vergessen eine gute Tat nicht.«

Der Rayonchef Pawlow

In diesen Tagen rief mich der Rayonchef von Pótschep, Pawlow, an und bat um ein Gespräch. Ich kannte und schätzte Pawlow. Ich hatte ihn mehrmals besucht. Der Rayon Pótschep lag westlich des Brjansker Waldes und umfaßte ein landwirtschaftlich reiches Gebiet ohne Wald und daher auch ohne Partisanen. Im Gegensatz zu Lókotj gab es hier keine russische Selbstverwaltung. Es bestimmten deutsche Landwirtschaftsbeamte, die brutal möglichst viel aus dem Land herausholen wollten. Die Folge davon waren eine immer steigende Unlust der Bevölkerung und eine immer geringere Menge an Erträgen. Es wurde weit weniger erwirtschaftet als in Lókotj.

Ebenso wie Kaminski hatte Pawlow in einem Memorandum an den Armeestab fast beschwörend darauf hingewiesen, daß es für eine Änderung der Ostpolitik die letzte Stunde sei.

Da ich wußte, daß er Informationen von mir erwartete, die ich nicht geben konnte, bat ich Seebach, an dem Gespräch teilzunehmen.

Pawlow war ein großer, schwerer Mann mit einer warmen, tiefen Stimme. Ich kannte ihn als lebensfrohen, humorvollen Menschen. Jetzt wirkte er niedergeschlagen und matt. »Sagen Sie offen«, begann er, »glauben Sie noch daran, daß die deutsche Führung Vernunft annehmen wird, ehe es zu spät ist? Mit dieser Politik gräbt sie sich ihr eigenes Grab und unseres mit. Und welche Chancen hatten die Deutschen! Wieviel Hoffnungen wurden bei uns geweckt! Ich entsinne mich, wie der Parteifunktionär der Fabrik, wo ich arbeitete, eine Rede hielt und zur Verteidigung des Vaterlandes und der Revolution bis zum letzten Mann aufrief. Die Arbeiter hörten zu, und dann gingen achtzig Prozent in den Wald und warteten auf die Deutschen. Was ist aus all den Hoffnungen geworden?«

Seebach sagte, er könne ihm leider auch nichts Neues sagen. In den nächsten Tagen werde ein Generalstabsoffizier zur Armee kommen. Vielleicht werde er dann mehr erfahren.

Pawlow hob resigniert die Schultern. »Allmählich verliere ich den Glauben.« Er strich sich mit einer müden Bewegung über die Stirn. »Vor kurzem war ich in Mogiléw bei Kónonow. Sein Regiment sollte der Kern einer russischen Befreiungsbewegung werden. Aber auch da ist nichts geschehen, trotz der Unterstützung durch den General Graf Schenckendorff.«

Ich lud Pawlow zum Abendessen ein. Später kamen noch der Prinz, Pogóshew und Irina dazu. Aber es wollte keine rechte Stimmung aufkommen. Als der Prinz noch einmal auf den Fall Kónonow zu sprechen kam, sagte plötzlich Irina sachlich und ruhig: »Er hat unter Stalin nichts zu leiden gehabt und ist trotzdem zum Verräter geworden.«

Es wurde mir klar, daß sie noch lange nicht die Einsicht Pawlows und Pogóshews gefunden hatte und im Grunde immer noch das System anerkannte, wenn sie auch inzwischen die Schattenseiten kennengelernt hatte.

Pawlow sah sie mit einem schnellen Blick an. Vermutlich regte sich bei ihm sofort das Mißtrauen, das in jedem Sowjétmenschen ständig auf der Lauer liegt. Wie kam es, daß diese Frau mit solchen Ansichten offenbar unser Vertrauen genoß? Er richtete sich auf und erklärte: »Wer sein Volk von einem verbrecherischen Regime befreien will, ist kein Verräter, sondern ein Patriot! Verrat an unserem Volk hat Stalin begangen, indem er alles, was die Revolution wollte, zu einem sinnlosen Terror pervertierte. Kónonow wußte, daß Stalin von fünf Marschällen drei und fast 50 Prozent der Korps- und Divisionskommandeure liquidieren ließ, sozusagen auf Verdacht, weil sie sich vielleicht irgendwann seinem Terror entgegenstellen könnten. Und sein ganzes Regiment ging mit ihm. Soviel Verräter gibt es nicht, es war eine politische Entscheidung gegen das Regime. Dasselbe gilt für die Arbeiter, von denen ich sprach. Sie hatten erlebt, wie nach der Enteignung der Güter und Bauernhöfe in der Ukraine, der Kornkammer Rußlands, Millionen verhungerten und Hunderttausende, die keine andere Schuld hatten als den Besitz von ein paar Desjatinen Land, nach Sibirien verschleppt oder liquidiert wurden. Für sie war das Leben unter Stalin nicht mehr lebenswert.«

Mir war klar, daß dies nicht nur eine Antwort auf Irinas Einwand war. Es war sein politisches Bekenntnis. Er mußte es sich noch einmal von der Seele reden.

»Ich liebe mein Vaterland, wie jeder Russe«, schloß er, »aber ich werde es verlassen, wenn es nicht gelingt, dieses Regime zu stürzen.«

Kurz darauf gingen wir auseinander. Uns alle bedrückten die gleichen Sorgen, weil wir tatenlos zusehen mußten, wie unsere Führung uns ins Verderben führte.

Der Bombenangriff

Da ich eine weitere Außenstelle in Kletnja errichten wollte – es lag ca. 60 Kilometer westlich Brjansk in einem großen Waldgebiet –, hatte ich noch einen Sonderführer und einen Dolmetscher mit Unteroffiziersrang angefordert.

Es erschien zunächst ein Deutscher aus Polen, Unteroffizier Timinski. Ihn behielt ich dann in O-grad.

Wenige Tage später traf der Sonderführer Carnatz ein. Ein untersetzter Rußlanddeutscher mit rundem Gesicht und rosigen Bäckchen, der forsch mit Heil Hitler grüßte und gleich erklärte, daß er nur vorübergehend zu mir kommandiert sei, weil er anschließend einen höheren Verwaltungsposten in Moskau übernehmen müsse.

»In Moskau?« fragte ich ungläubig.

»Jawohl! Der Führer hat eine neue Offensive befohlen, Stoßrichtung Moskau.«

»Na«, gab ich zu bedenken, »so bald wird es wohl mit Moskau nichts werden. Es soll doch erst der russische Frontvorsprung bei Kursk beseitigt werden.«

Es stellte sich dann schnell heraus, daß der Mann Parteimitglied und überzeugter Nationalsozialist war. Ich beschloß, ihn möglichst bald in Kletnja einzuweisen und ihm genaue Instruktionen für seine dortige Arbeit zu geben. Immerhin kannte er als Rußlanddeutscher die Russen und hatte, wie er betonte, auch keine Aversionen gegen sie.

Ehe ich mit ihm nach Kletnja fahren konnte, wurde ich jedoch nach Orel beordert. Dort sollte ich dem Ic der Heeresgruppe Mitte die Partisanenlage im Armeegebiet vortragen.

Erst spät konnte ich die Rückfahrt antreten. Ich hatte Berkutow als Fahrer mitgenommen. Als wir uns O-grad näherten, sah ich sowjetische Flieger im Anflug. Die Flak begann zu schießen. Gleich darauf detonierten Bomben. Ich beschleunigte das Tempo. Je näher wir kamen, desto besorgter wurde ich. Die Bomben mußten in der Nähe unseres Quartiers gefallen sein.

Als ich in unsere Straße einbog, stellte ich erleichtert fest, daß unsere Häuser anscheinend heil waren. Doch ein Haus gegenüber brannte lichterloh. In diesem Moment rannte ein Mann aus dem Haus, ein schreiendes Kind auf dem Arm. Es war der Prinz.

Ich sprang aus dem Wagen. Der Prinz hatte das Kind einer Frau übergeben, hustete und versuchte, glühende Kohlestücke von seiner Uniform zu schlagen, während hinter ihm das Haus zusammenfiel.

»Glück gehabt«, sagte ich. »Ich denke, Sie haben Angst vor Bomben!«

Der Prinz hustete. »Ja, wahnsinnig«, stieß er hervor. »Aber man kann ja die Kinder nicht verbrennen lassen.«

Inzwischen kam eine der Frauen heran, ergriff seine Hand und küßte sie. »Er hat mein Kind gerettet«, schluchzte sie. »Gott möge es ihm vergelten!«

Der Prinz zog seine Hand schnell zurück. Das Ganze war ihm sichtlich peinlich. Ich schob ihn zum Wagen. »Los, steigen Sie ein! Wir wollen sehen, wie es bei uns aussieht. Was machen Sie überhaupt um diese Zeit hier?«

»Ich wollte bei Ihnen Kaffee trinken und hörte, daß Sie bald kommen würden. Statt dessen kamen die Bomben. Noch nie haben die Russen hier bombardiert. Auf nichts kann man sich mehr verlassen!«

Als wir auf unseren Hof einbogen, wären wir fast in einen Bombentrichter gerast. Das halbe Dach war abgedeckt, alle Scheiben waren eingeschlagen. Aber das Haus stand. Krause und Birck erschienen in der Tür. »Alles in Ordnung!« rief Krause. »Keine Verluste!«

Ich war erleichtert. Birck hatte den Bürgermeister angerufen, der Handwerker für die Reparaturen schicken wollte. Schlimmer hatte es eine Nachbareinheit getroffen. Dort hatte es Tote und Verwundete gegeben.

Die Moltschánowa wischte den Tisch ab und stellte Wodka hin. »Ein Glück, daß Sie nicht da waren«, sagte sie. »Die Splitter haben Ihren Schrank zerfetzt.«

Ich fragte nach Carnatz und Irina. Krause grinste. »Der Sonderführer ist noch im Keller. Er sagte, es könnten ja noch Bomben fallen. Irina ist in ihrem Zimmer. Sie hat sich über den Sonderführer geärgert.«

Ich ging hinüber zum Unterstand, den wir unter dem Fabrikgebäude eingerichtet hatten. Es zeigte sich ein bleiches, gar nicht mehr rosiges Gesicht. »Kommen Sie heraus«, sagte ich. »Wir trinken gerade einen Schnaps.«

Als wir ins Zimmer kamen, stellte ich förmlich vor: »Das ist Herr Carnatz, vorübergehend zu uns kommandiert, und das ist unser Prinz, auf dessen Wohl wir jetzt trinken wollen, denn er hat gerade eine Heldentat vollbracht. Auf Ihr Wohl, Prinz, mit meiner ganz besonderen Hochachtung! Und das ist ausnahmsweise einmal ernst gemeint.«

»Ach, gehn's mit Ihren Heldentaten!« wehrte der Prinz ab. »Wenn Sie wüßten, was ich für Angst gehabt hab.«

Dann wandte er sich an Carnatz, und nun sprach er Hochdeutsch ohne den geringsten Akzent. »Aus Deutschland kommen Sie. Ja, was sagt man denn da zur Lage?«

Carnatz straffte sich. »Der Führer hat eine neue Offensive befohlen. Stoßrichtung Moskau. Ich soll dort einen Verwaltungsposten übernehmen.«

»So, so, eine neue Offensive«, sagte der Prinz. »Interessant.«

Ich sah ihn beschwörend an. Er war durchaus imstande, einen seiner üblichen Sarkasmen von sich zu geben, und das konnte bei diesem Parteimann gefährlich werden.

Doch der Prinz schaute Carnatz nur mit einem Lächeln an: »Würde sicher interessant sein, Ihr Posten in Moskau. Hoffentlich können Sie ihn bald antreten. Aber jetzt muß ich nach Hause. Der General wird sich schon Sorgen machen um mein kostbares Leben. Mein Gott, wenn der mich so sieht! Meine schöne Uniform! Hin ist sie.«

Als ich den Prinzen zum Wagen begleitete, sagte er amüsiert: »Da haben Sie sich ja einen Musterknaben eingekauft. Scheint nicht nur einen Überhang an Fett, sondern auch an Weltanschauung zu haben.«

Anschließend ging ich hinüber zu Irina. Das Verpflegungslager hatte kaum gelitten. Nur die Fenster waren zersplittert. Irina hatte die Läden geschlossen.

Als ich eintrat, sprang sie auf. »Dieser Hund«, stieß sie hervor. »Wenn du nicht gewesen wärst, hätte ich ihn erschossen und wäre schon im Wald!«

»Wovon sprichst du? Was ist passiert?« fragte ich.

»Carnatz, dieser elende Faschist!«

Aus ihrem, immer wieder von Wutausbrüchen unterbrochenen Bericht, erfuhr ich schließlich, was geschehen war. Als die Bombardierung begann, hatte Carnatz befohlen, den Unterstand aufzusuchen. Irina hatte der Moltschánowa in der Küche geholfen, als die Bombe auf dem Hof explodierte. Die Splitter zischten durch das Fenster. Da sie im toten Winkel standen, passierte ihnen nichts. Sie liefen über den Hof zum Unterstand, wobei die Moltschánowa in den Bombentrichter fiel. Irina half ihr heraus und wollte sich ausschütten vor Lachen über den Anblick, den die dicke Frau geboten hatte. Als sie, noch lachend, den Unterstand betraten, hatte Carnatz, bleich vor Angst, sie angebrüllt, sie freue sich wohl, daß hier bombardiert werde. Das Lachen werde ihr schon vergehen. Er werde dafür sorgen, daß sie wieder ins Gefängnis käme.

Ich kannte nun schon ihr Temperament und begriff, daß sie

sich in ihrer Menschlichkeit gekränkt fühlte. Carnatz wußte, daß sie mir ihr Leben verdankte. Wie konnte er annehmen, daß sie mir und meinen Leuten Schlechtes wünschen würde.
»Sei nicht ungerecht«, versuchte ich sie zu beschwichtigen. »Er ist neu hier und kennt dich noch nicht.«
Plötzlich war ihr Zorn verraucht. »Das kommt davon«, sagte sie versöhnlich, »daß du nicht da warst. Wenn du da bist, geht immer alles gut. Du warst länger fort als du gesagt hast.«

Die Außenstelle Kletnja

Kurz nach dem Bombenangriff kam Seebach und sagte, der General wünsche, daß ich nach Kletnja führe. Der dortige Bataillonskommandeur habe sich über einen Sonderführer des Wirtschaftskommandos beschwert, der seinen Anweisungen nicht folge. Außerdem sei der OD nicht zuverlässig. Der Prinz solle mitfahren. Ich nahm Carnatz gleich mit.
Kletnja lag mitten in einem großen Waldgebiet, in dem sich seit dem Frühjahr Partisanen eingenistet hatten. Trotz seiner mehr als zehntausend Einwohner war es nichts anderes als ein großes Dorf. Es gab nur drei zweistöckige Häuser. Die Bevölkerung lebte im wesentlichen von einem großen Sägewerk, das die Deutschen wieder in Betrieb genommen hatten.
Vor der Kommandantur traf ich überraschend einen alten Bekannten aus der Studienzeit. Er hieß Brandt und kam mir wie gerufen. Er würde mich objektiv informieren. Er berichtete, im Gegensatz zu der Ansicht des Kommandanten, daß sich die Stimmung der Russen wesentlich gebessert

habe, seit der neue Sonderführer vom Wirtschaftskommando, Bischler, die Leitung des Sägewerkes und des OD übernommen habe.

»Wieso?« fragte ich. »Der OD untersteht doch dem Ortskommandanten.«

»Danach fragt der nicht«, erklärte Brandt. »Er selbst untersteht ihm nicht und sagt, der OD sei in erster Linie für den Schutz der Waldarbeiter und des Sägewerkes da.«

Darauf schlug der Prinz vor, doch erst einmal diesen Bischler anzusehen.

Während wir zum Sägewerk fuhren, berichtete Brandt: »Bischler ist Wolgadeutscher, nach der Revolution nach Deutschland emigriert. Wenn Sie ihn sehen, denken Sie: Das ist ein Russe. Die Russen lieben ihn, weil er Herz hat. Seit er da ist, haben die Partisanen nichts zu lachen. Er bekämpft sie mit ihren eigenen Methoden. Es sind sogar einige zu ihm übergelaufen. Ein Vorfall hat sein Ansehen bei den Russen besonders gesteigert: Ihm wurde gemeldet, daß zwei OD-Leute die Absicht hatten, zu den Partisanen überzulaufen. Daraufhin ließ er alle achthundert Mann des OD im Karree antreten.

Die beiden mußten vortreten, und er hielt folgende kurze Ansprache: ›Ich will nur bekanntgeben, daß diese beiden beschlossen haben, zu den Partisanen zu gehen. Über soviel Dummheit kann ich nur lachen. Sicher werden sie bald ihren Fehler einsehen, aber dann wird es zu spät sein. Damit sie wenigstens unterwegs etwas zu essen haben, bekommen sie für zwei Tage Verpflegung mit. Nur ihre Waffen müssen sie hierlassen. So, nun könnt ihr gehen!‹«

»Und?« fragte der Prinz.

»Die beiden baten, bleiben zu dürfen, und es wurde nicht mehr darüber gesprochen. Es ist im Grunde einfach«, erklärte Brandt. »Man muß nur das Gegenteil von dem tun, was die Sowjets getan hätten. Dann gewinnt man ihre Herzen.«

Vor dem Blockhaus, in dem Bischler wohnte, standen zwei OD-Leute mit Maschinenpistolen Wache. Sie grüßten militärisch.

Im verrauchten Zimmer erhob sich ein großer vierschrötiger Mann in Hemdsärmeln. Neben ihm saß eine dralle Russin. Auf dem Tisch standen eine halbvolle Schnapsflasche und verschiedene ›Sakusken‹.

Brandt stellte vor. Bischler drückte mir mit seiner riesigen Pranke die Hand. »Freut mich, Sie kennenzulernen«, dröhnte sein tiefer Baß. »Ich hörte schon, daß der Kommandant sich über mich beschwert hat. Er ist ein sturer Kommiskopp. Ljuba, hol Gläser!« rief er der Russin zu. »Das ist meine Köchin und so weiter«, erklärte er mit schöner Offenheit.

Es wurde ein langer Nachmittag. Bei viel Schnaps erzählte Bischler von seinen Erfahrungen. Es war erstaunlich, wie gut er sich in kurzer Zeit informiert hatte. Ich konnte mir keinen besseren Mann für die Zusammenarbeit mit Carnatz wünschen.

Der anschließende Besuch beim Bataillonskommandeur war weniger erfreulich. Bischler hatte recht. Er war ein sturer Mann ohne jeden politischen Instinkt. Er fühlte sich offenbar nicht sicher in Kletnja. »Es gibt nur eine Stichbahn hierher«, sagte er. »Wenn die unterbrochen wird, sitze ich im Sack. Ich habe nur dreihundert Mann und der OD achthundert.«

Der Prinz sagte kühl, nach dem, was er eben gesehen habe, scheine der OD in Ordnung zu sein. Außerdem werde eine Außenstelle eingerichtet, die der Armee melden werde.

Der Sonderführer Carnatz werde gleich hierbleiben. Er bäte, ihm ein Quartier zuzuweisen.

Verhaftung der Ärzte Beljájew und Tschumák

Kurz nach meiner Rückkehr aus Kletnja rief mich die geheime Feldpolizei an. Man habe Dr. Beljájew und Professor Tschumák verhaftet, weil sie Partisanen Medikamente gegeben hätten. Beide hätten darum gebeten, mir vorgeführt zu werden. Ich befahl Krause, sie abzuholen.

Als ich das Zimmer betrat, in das sie eingewiesen worden waren, erhoben sie sich. Ich sah Beljájew an. Ich schätzte diesen Mann. Ich konnte mir auch seine Motive vorstellen. Dennoch war ich enttäuscht. Hatte er mein Vertrauen mißbraucht? Hatte er schon lange Verbindung zu den Partisanen? Ich kannte auch Tschumák, der ein bekannter Malariaforscher in Kiew gewesen war und nun mit Beljájew im Krankenhaus zusammenarbeitete.

Beljájew kam meiner Frage zuvor. »Ich werde Ihnen sagen, was geschehen ist. In der vorigen Woche erschienen Verbindungsleute der Partisanen bei mir. Sie schilderten die Lage im Wald. Sie benötigten dringend Medikamente und einen Arzt. Ich solle zu ihnen kommen. Nach Stalingrad sei klar, daß der Krieg für die Deutschen verloren sei. Ich bin Arzt, und es sind Russen, die Hilfe brauchen. Ich gab ihnen Medikamente, lehnte aber ab, zu ihnen zu kommen. Dasselbe tat mein Kollege Tschumák. Das ist alles.«

»Wären Sie nun in den Wald gegangen, wenn Sie nicht verhaftet worden wären?« fragte ich.

»Vorerst nicht. Wenn aber der deutsche Rückzug begonnen

hätte, ja. Sie werden das verstehen. Sie wissen, daß ich ein Gegner des Regimes bin. Aber was bleibt mir übrig? Die Deutschen haben ihre Chance verpaßt. Ihre Führung hat die Möglichkeiten nicht begriffen oder wollte sie nicht begreifen.«

»Ich kenne Sie seit langem«, sagte ich, »und ich schätze Sie. Warum haben Sie mich nicht informiert?«

»Vielleicht hätte ich es tun sollen. Aber ich wollte Sie nicht belasten und dachte auch nicht, daß Sie es erfahren würden.«

»Sie wissen, was das heißt: Unterstützung von Partisanen. Sie hätten es mir in jedem Fall melden sollen. Ich muß dem General berichten. Ich denke, daß ich Ihnen morgen sagen kann, was mit Ihnen geschieht.«

Ich war deprimiert. Beide hatten nicht einmal den Versuch gemacht, etwas abzumildern, obgleich sie wußten, daß ihnen die Todesstrafe drohte. Was konnte ich tun? Was sollte ich dem General empfehlen? Unsinnig, sie wegen dieser Sache zu erschießen. Beide waren Kapazitäten in ihrem Fach. Vielleicht konnte man sie in Deutschland einsetzen, wo sie der deutschen Sache nicht schaden konnten.

Am nächsten Morgen erhielten alle Ärzte des Armeeverwaltungsgebietes den Befehl, sich in Brjansk einzufinden. Natürlich hatte sich die Verhaftung der Kollegen schnell herumgesprochen.

Entsprechend angespannt war die Stimmung. Man nahm an, daß die Erschießung der beiden bekanntgegeben werden sollte.

Als ich den Raum betrat, sah ich in ernste, besorgte Gesichter. Fast alle kannte ich persönlich.

Um der Aktion ein größeres Gewicht zu verleihen, hatte

General Bernhard befohlen, daß ein Kriegsgerichtsrat anwesend sein sollte.

Ich faßte mich kurz:

»Sie wissen, daß zwei Ihrer Kollegen, Dr. Beljájew und Professor Tschumák, verhaftet worden sind, weil sie Partisanen Medikamente gegeben haben. Sie wissen auch, daß darauf nach Kriegsrecht die Todesstrafe steht. Der General ist jedoch nach Beratung mit dem hier anwesenden Kriegsgerichtsrat zu der Ansicht gekommen, daß es vernünftiger ist, das große Wissen ihrer beiden Kollegen weiter nutzbringend zu verwenden, sofern es unserer Sache nicht schaden kann. Es wurde deshalb beschlossen, sie in einem Krankenhaus in Deutschland arbeiten zu lassen. Bis zu Ihrer Abreise werden sie auf Ehrenwort freigelassen.«

Bisher hatte gespannte Stille geherrscht. Jetzt ging ein erregtes Raunen durch den Raum.

Ich hob die Hand. »Ich möchte noch folgendes hinzufügen: Sie sind Ärzte. Ihre Aufgabe ist es, ihren Mitbürgern zu helfen. Tun Sie das und lassen Sie die Hände von der Politik!«

Als ich geendet hatte, sprang ein alter Arzt, der in der vordersten Reihe gesessen hatte, auf und drückte mir bewegt die Hand. »Ich danke Ihnen, auch im Namen meiner Kollegen! Übermitteln Sie bitte dem Herrn General unseren tiefempfundenen Dank. Mit dieser Großmut hat er unsere Herzen gewonnen. Wir wissen sehr gut, was man drüben in einem solchen Fall getan hätte.«

Anschließend fuhr ich nach O-grad zurück, um den beiden die Entscheidung des Generals mitzuteilen. Beljájew drückte mir stumm die Hand. Tschumák konnte die Tränen nicht zurückhalten. »Entschuldigen Sie«, stammelte er, »meine Nerven – ich habe fünf Kinder und eine Frau.«

Anschließend sagte Beljájew: »Wenn es möglich ist, lassen Sie uns bald abfahren.«

Der »letzte Schütze«

Eines Tages begegnete mir auf der Straße ein Unteroffizier, der zackig grüßte, dann stutzte und stehenblieb. Jetzt erkannte ich ihn. Es war ein Mann aus der Kartenstelle meiner alten Division. Ein Berliner, im Zivilberuf Architekt.
»Mensch!« rief er. »Ich werd verrückt! Verzeihung, Herr Sonderführer!«
Ich mußte lachen über sein dummes Gesicht. »Du kannst mich ruhig weiter duzen«, sagte ich. »Wo kommst du her?«
»Der Stab liegt für einige Tage in Brjansk, und ich wollte hier einen Kumpel besuchen.«
Ich lud ihn zu mir ein. Er konnte sich gar nicht beruhigen. Er kannte mich nur als einfachen Schützen, der berühmt war für seine Fehlleistungen im Soldatischen.
Im Quartier fanden wir Seebach und den Prinzen vor, die sich, wie üblich, zum Nachmittagskaffee eingefunden hatten. Nach einigen Schnäpsen verlor der Unteroffizier schnell seine anfängliche Zurückhaltung, und als ihn der Prinz animierte: »Nun erzählen Sie uns mal etwas aus der Vergangenheit des Herrn Steenberg.«
Große Heiterkeit lösten die Geschichten von meiner Privatfehde mit dem Leutnant Kalbfell aus, der die Stabskompanie führte. »Der war ein junger Mann von zwanzig Jahren und einen Kopf kleiner als Steenberg und fühlte sich durch Steenbergs bis zur Perfektion entwickeltes unsoldatisches Verhalten persönlich provoziert. Als Steenberg einmal

selbst von Kalbfells Schikanen die Nase voll hatte, warf er beim Verlassen des Zimmers die Tür mit lautem Knall hinter sich zu. ›Zurückholen!‹ schrie Kalbfell. Ich riß die Tür auf und rief Steenberg zurück. ›Steenberg!‹ schrie Kalbfell. ›Tür leise zumachen!‹ – ›Jawohl, Herr Leutnant, Tür leise zumachen.‹ – Und nun zog Steenberg die Tür im Zeitlupentempo *ganz* langsam zu. ›Steenberg!‹ Kalbfells Stimme überschlug sich. ›Wollen Sie mich etwa auf den Arm nehmen?‹ – ›Nein, Herr Leutnant, ich will Herrn Leutnant nicht auf den Arm nehmen.‹ – ›Raus!‹ schrie Kalbfell, rot vor Wut. – ›Jawohl, Herr Leutnant, raus‹, wiederholte Steenberg gelassen und verschwand, während wir uns nur mit Mühe unser Lachen verbeißen konnten. – Eines hatte Steenberg nämlich begriffen: Es war nie falsch, einen Befehl zu wiederholen, konnte aber zuweilen den anderen auf eine unangreifbare Weise lächerlich machen. Vollends außer sich geriet Kalbfell, als Steenberg eines Tages ganz ruhig sagte: Ich bin eben der geborene Offizier und kann mich als Schütze nicht benehmen. – Außer mit Kalbfell kam Steenberg nur mit dem IIa, dem Major von Wedel, aneinander, weil er – völlig unsoldatisch – zu widersprechen wagte, wenn der Major irgendwelche Bauern als Partisanen erschießen lassen wollte, was dann Steenberg verhinderte, indem er unter Mißachtung des Dienstwegs einfach zum General ging. Der mochte ihn und nahm ihn immer als Dolmetscher mit, wenn er an die Front fuhr, obwohl es beim Stab noch einen Dolmetscher im Offiziersrang gab. Nachdem wir die Winterstellung bezogen hatten, gab es für uns eine ruhige Zeit, und da kamen wir auf die Idee, eine Weihnachtszeitung zu verfassen. Ich lieferte die Zeichnungen, die Verse verfaßten wir gemeinsam. Alle Offiziere des Stabes wurden in typischer Haltung gezeichnet und ihre Eigenheiten in

Versen verewigt. Die einzige Ausnahme war Steenberg, der – obwohl nur Schütze – auf anderthalb Seiten besungen wurde.«

Der Unteroffizier erzählte noch einige meiner »Heldentaten« als Schütze, und es wurde ein langer feuchtfröhlicher Abend.

Tatsächlich war die Einberufung für mich ein völlig unerwarteter Schlag gewesen, weil mein Jahrgang noch gar nicht dran war und ich beruflich aus der Bahn geworfen wurde.

Hinzu kam, daß meine Frau ein Jahr vorher nach der Geburt meines zweiten Kindes gestorben war und meine damals sechsjährige Tochter durch meine Einberufung zusätzlich belastet wurde. Ein Gesuch um Rückstellung wurde abgelehnt. Ich hatte gerade noch Zeit, meine Kinder und das Kindermädchen zu Freunden auf ein Gut in Schlesien zu bringen, wo sie wenigstens vor Bomben sicher waren.

In Landsberg an der Warthe, wo ich mich stellen mußte, erwartete mich eine weitere Überraschung: Mir wurde eröffnet, daß ich als Dolmetscher für russisch einberufen worden war. Zugleich mit mir erschienen dort fünf weitere Dolmetscher, alles Männer, die wie ich aus ihrem Beruf gerissen worden waren. Natürlich wurde nun herumgeraten, wo wir eingesetzt werden würden. Ein Krieg mit der Sowjetunion schien nach dem Pakt zwischen Hitler und Stalin unwahrscheinlich. Vielleicht war eine friedliche Aufgabe vorgesehen. Manche redeten sogar von einem Durchmarsch durch die Sowjetunion nach Indien, um dort gegen die Engländer vorzugehen. Eine Auskunft auf unsere Fragen wurde uns nicht erteilt.

Als wir zum ersten Mal angetreten waren, erschien der Bataillonskommandeur und befahl dem für uns zuständigen Unteroffizier, uns nicht hart dranzunehmen. Umgang mit

Offizieren sollten wir in erster Linie lernen. So waren die ersten Tage des ungewohnten Drills durchaus zu ertragen. Schon nach vierzehn Tagen wurden wir dann nach Warschau in Marsch gesetzt. Da man dort noch nicht wußte, für welche Einheit wir bestimmt waren, hatten wir eine Woche Zeit, uns die Stadt anzusehen, die damals nur wenig zerstört war. Nur der Zoo existierte nicht mehr, und wie sich einem ja meist eine besonders typische Einzelheit einprägt, so war es hier ein Perlhuhn, das als einziges Tier allein auf den Trümmern herumlief.

Der bedrückendste Eindruck war das Ghetto, in dem, von einer hohen Mauer umgeben, alle Juden Warschaus interniert worden waren. Durch das Ghetto fuhr eine Straßenbahn, ohne jedoch zu halten. Ich fuhr einige Male hindurch, um wenigstens einen flüchtigen Eindruck zu erhalten. Die Juden hatten damals noch eine Selbstverwaltung mit einem Judenrat an der Spitze, eine eigene Polizei und eigene kleine Fabrikationsbetriebe. Durch Vermittlung einer Polizeistelle durften sie mit der Außenwelt Handel treiben. Obgleich ich noch keine Ahnung von dem späteren Schicksal dieser Juden hatte, schien mir ihre Situation erschreckend und entwürdigend. Ein Bild hat sich mir eingeprägt: Als ich das letzte Mal aus dem Ghetto hinausfuhr und zurückschaute, sah ich hoch über der mit Stacheldraht gekrönten Mauer auf einem Balkon eine junge Frau mit einem kleinen Kind, die reglos und traurig in die Ferne schaute.

In diesen Tagen lernte ich eine junge Polin kennen, die nach anfänglichem Mißtrauen offen mit mir sprach. Wir trafen uns eine Woche lang jeden Abend. Sie war Studentin gewesen, bis die Deutschen alle höheren Schulen schlossen. Sie berichtete von Greueltaten der Polizei, die ich kaum glauben konnte. Es umgab sie eine unbestimmte Traurigkeit.

Als ich mich am letzten Abend verabschiedete, kämpfte sie mit den Tränen. »Es ist alles so hoffnungslos«, sagte sie leise. Sie gab mir ihre Adresse, und ich versprach, sie zu besuchen, wenn ich wieder nach Warschau kommen würde. Schreiben konnten wir uns nicht. Privater Verkehr mit Polen war verboten. Als ich, drei Jahre später, auf dem Rückzug aus Rußland wieder nach Warschau kam, erfuhr ich, daß sie zur Zwangsarbeit nach Deutschland deportiert worden war.

Am 7. Juni wurden wir Dolmetscher zum Stab der 293. Infanteriedivision befohlen. Uns empfing der Nachrichtenoffizier der Division, Hauptmann Dr. Sommerfeld. Er behielt mich beim Stab und verteilte die anderen auf Regimenter und andere Dienststellen. Sommerfeld war ein sympathischer Mann, im Zivilberuf Anwalt, mit dem ich schnell guten Kontakt hatte.

Am 21. Juni teilte er mir mit, daß wir am nächsten Tag um 3 Uhr früh in Rußland einmarschieren würden.

Wenn auch schon viele Anzeichen auf eine solche Entwicklung hingewiesen hatten, bedeutete die Gewißheit doch einen Schock für mich. Die unabsehbaren Folgen dieser Entscheidung Hitlers lagen auf der Hand. Hinzu kam die Ungewißheit des eigenen Schicksals.

Unsere Division lag in der zweiten Linie und überschritt den Bug erst am 25. Juni, als die Angriffseinheiten schon mehr als hundert Kilometer vorgestoßen waren. Hier zeigte sich mir der Krieg gleich von seiner grauenhaften Seite. Zwischen den Trümmern einer großen Scheune sah ich tote, von Granaten zerfetzte Pferde, und zwischen den zerstörten Häusern des Grenzdorfes lagen Leichen halb bekleideter Russen. Es war klar, daß sie im Schlaf überrascht worden waren. Niemand drüben hatte mit einem Angriff gerechnet.

Doch der Mensch ist ein erstaunliches Geschöpf. Abends konnten wir wieder essen und schlafen und eine irgendwie beschämende Freude empfinden, daß irgendein Unbekannter und nicht man selbst gefallen war.
Unsere Division marschierte dann ohne Feindberührung bis zum Städtchen Pinsk am Rand der Pripjétsümpfe. Unsere Aufgabe war es, durch diese Sümpfe vorzugehen. Es gab nur eine schmale Straße. Deshalb waren wir auf Pferdefuhrwerke angewiesen. Der schwere Troß mußte die Sümpfe umgehen.
Die Bevölkerung hatte uns beim Vormarsch überall freundlich begrüßt und uns frische Erdbeeren an die Wagen gebracht.
Schließlich nahm unsere »Sumpfzeit« mit ihren Mückenschwärmen ein Ende. Doch unsere Annahme, wir würden weiter nach Osten marschieren, erwies sich als falsch. In Gomel erhielt die Division den Befehl, nach Süden abzuschwenken. Wir nahmen Tschernigow und gingen kämpfend über Neshin und Prilúki nach Süden vor. Südlich der Stadt Pirjátin trafen wir gemeinsam mit einer Panzerdivision auf die von Süden vorstoßenden Einheiten und schlossen so den Ring um die gesamte russische Heeresgruppe Süd-West. Mehr als 600000 Russen gerieten in Gefangenschaft.
Am 16. September, spät abends, hatten wir kampflos Pirjátin besetzt. Wir igelten uns ein, weil niemand wußte, ob und wo die Russen einen Durchbruch versuchen würden. Im Morgengrauen wurden wir von Blasmusik geweckt. Eine Bürgerdelegation hieß uns mit Salz und Brot willkommen.
Als Dolmetscher hatte man verschiedene Aufgaben. Unter anderem bei der Bevölkerung Zigaretten gegen Butter und Eier einzutauschen. Während langsam die Gefangenen im

Kessel, der immerhin einen Durchmesser von fast 200 Kilometern hatte, gesammelt wurden, fuhr ich in die Dörfer der Umgebung und kam dabei auch in Ortschaften, wo sich bisher kein Deutscher gezeigt hatte. Sofort lief die Bevölkerung mit dem Ruf: Njemzy – Deutsche! zusammen, und als ich sie russisch ansprach, wurde ich mit Fragen überschüttet. Die erste Frage war auch hier fast immer: Schafft ihr die Kolchosen ab? Gleich luden sie mich zum Essen ein und tischten ihren furchtbar schmeckenden ›Samogón‹, den selbstgebrannten Schnaps, auf. In einem dieser Dörfer hatte ich ein bezeichnendes Erlebnis. Als ich fragte, ob es hier noch Rotarmisten gäbe, sagten sie, es seien noch einige im nahen Wäldchen. Sie hätten Angst herauszukommen. Darauf schickte ich einen Dorfbewohner hin, der sie auffordern sollte, zu kommen. Es werde ihnen nichts geschehen.

Kurze Zeit darauf erschienen etwa fünfzig Rotarmisten, die mir gleich Bündel sowjetischen Geldes entgegenstreckten. Offenbar dachten sie, eine kleine Bestechung könne nicht schaden. Ich erklärte, sie sollten ihr Geld behalten und fragte nach Truppenteil und Einsatz. Sie gaben bereitwillig Auskunft und fragten, ob sie nach dem Krieg nach Hause könnten, was ich bejahte. Wir unterhielten uns noch eine Weile. Dann erklärte ich ihnen, wo sich etwa zehn Kilometer westlich eine Sammelstelle für Gefangene befände. Dort sollten sie sich melden. Sie bedankten sich und zogen fröhlich ab. Sie waren froh, daß der Krieg für sie zu Ende war.

Es war damals ein alltägliches Bild: 10000, 15000, 20000 Gefangene zogen, nur von einem Landser vorn und hinten geführt, friedlich nach Westen. Niemand dachte an Flucht.

Stalin kannte diese Gefahr für sein Regime sehr genau. In seinem Geheimbefehl Nr. 0019 vom 16. Juli 1941 stellte er fest: »An allen Fronten gibt es zahlreiche Elemente, die dem

Feind sogar entgegenlaufen und bei der ersten Berührung die Waffen wegwerfen, während die Zahl der standhaften Kommissare und Kommandeure nicht groß ist.«

In eben diesen Tagen kam auch – wie bereits geschildert – Pogóshew mit seiner Gruppe zu uns.

Unsere Hoffnung, weiter nach Süden zu kommen, trog. Es kam der Befehl, wieder nach Norden zu marschieren. Im nächsten Jahr, als die Südfront zusammenbrach, erwies sich das als Glücksfall.

Anschließend nahm meine Division an der Kesselschlacht um Brjansk-Orel teil und wurde dann, südlich Moskau, der Panzerarmee Guderians unterstellt.

Zugleich wurde bekannt, daß der Oberbefehlshaber des Heeres, von Brauchitsch, abgelöst worden sei und der ›Führer‹ den Oberbefehl über die Wehrmacht übernommen habe. Im Stab war man deprimiert. Der ursprüngliche Plan, feste Winterstellungen auszubauen und erst im nächsten Jahr wieder vorzugehen, wurde vom Führer aufgehoben. Wir mußten, nun schon bei zehn Grad Minus, weiter angreifen. Da die Truppe keinerlei Winterkleidung hatte, gab es schon in der Bereitstellung große Verluste durch Erfrierungen. Zum ersten Mal mußten wir zurück. Wir bezogen eine neue Stellung an der Suscha, rund 50 Kilometer ostwärts Orel.

Der Divisionsstab machte Quartier in dem kleinen, schön gelegenen Dorf Scheljábug. Und hier begann eine ruhige Zeit, auch für mich, weil die Front zum Stehen gekommen war.

Nur die Schikanen des Leutnants Kalbfell und des Majors von Wedel, die ich schon geschildert habe, ärgerten mich zuweilen.

Doch das lag ja nun schon eine kleine Ewigkeit zurück – so

schien es mir jedenfalls. Inzwischen hatte ich ganz andere Aufgaben, andere Probleme waren zu lösen, aber »Kalbfells« und »Wedels«, mit denen ich mich herumzuschlagen hatte, gab es auch in meiner neuen Umgebung und in meinem neuen Aufgabenkreis.

Geheime Kommandosache

Am 9. Mai rief Quandt an, ich solle sofort nach Orel kommen. Er könne am Telefon nichts sagen. Geheime Kommandosache!

In Orel fragte er, ob ich in kürzester Zeit eine Nachricht durch die Front zu den Russen schleusen könne, vielleicht über die Partisanen, die Funkverbindung nach Moskau hätten. Es solle eine Offensive zur Bereinigung des russischen Frontvorsprungs bei Kursk gestartet werden. Deshalb kämen neue Divisionen ins Armeegebiet. Der Russe solle glauben, daß sie für ein großes Unternehmen gegen die Partisanen bereitgestellt seien und so über den Beginn der Offensive getäuscht werden.

Ich dachte an Irina, wollte aber diese Möglichkeit nicht preisgeben, ehe ich nicht wußte, ob sie es tun würde. So sagte ich nur, daß ich hoffe, einen Weg zu finden.

Quandt gab mir bereits vorbereitete, entsprechend gefälschte Geheimpapiere mit.

Meine anfänglichen Bedenken dagegen, Irina wieder in das dunkle Gewerbe hineinzuziehen, stellte ich zurück. Dies war eine Gelegenheit, Irina vor Schlimmerem zu bewahren, falls sie sich einmal vor ihren Landsleuten zu verantworten hätte.

Nach der Rückkehr ging ich zu Irina. »Ich habe etwas für dich«, sagte ich. »Es wäre gut, wenn die Partisanen glauben, daß dein Hiersein ihnen nützt. Hier sind Geheimsachen, die im Grunde nicht mehr geheim sind. Der Einsatzbefehl für ein Unternehmen gegen die Partisanen. Deshalb die neuen Truppen in unserem Raum. Das haben eure Leute natürlich längst gemerkt. Du kannst die Unterlagen den Partisanen zuspielen. Sag, daß du sie entwendet hast.«

»Vielleicht hast du recht«, überlegte Irina. »Es deckt mir den Rücken, falls sie von unserer Beziehung erfahren. Sie werden glauben, daß ich mich fürs Vaterland opfere«, sagte sie mit einem traurigen Lächeln. »Zu meiner Mutter kommt zuweilen der Junge, der für sie einkauft. Ihm könnte man die Papiere geben.«

Einige Tage später kam wieder einmal Seebach zum Kaffee. »Sonderbar«, berichtete er. »Das Sicherungsbataillon in Trubschewsk meldet eine Überläuferaussage, wonach die Partisanen in Aufregung sind, weil wir sie in Kürze angreifen werden. Dabei denken wir gar nicht daran. Wir werden alle Kräfte für den Einsatz bei Kursk brauchen.«

Ich durfte auch Seebach nicht sagen, daß ich selbst die Meldung lanciert hatte, freute mich aber, daß es so gut geklappt hatte.

Wir saßen noch zusammen, als Quandt aufgeregt anrief: »Ist die bewußte Meldung schon unterwegs?«

»Sie ist schon drüben«, sagte ich. »Ich habe eben die Bestätigung erhalten.«

»Verflucht«, rief Quandt. »Es wird genau umgekehrt gemacht! *Erst* die Partisanen. Ich erwarte umgehend Bericht über die Lage im Süden und Norden. Starttermin wird Ihnen mitgeteilt. Melden Sie sich sofort mit Ihren Unterlagen bei den Kommandeuren der beiden Korps!«

Seebach sah mich fragend an. »Es ist wirklich nicht zu glauben!« sagte ich erschüttert. Nun durfte ich berichten. »Jetzt sind die Partisanen gewarnt und die drüben auch. Wer hat das wieder auf dem Gewissen?«
»Wer wohl!« Seebach hatte schon lange keine Illusionen mehr.

Großunternehmen gegen Partisanen

Zunächst fuhr ich zum Kommandierenden General des 47. Armeekorps, das im Südwald operieren sollte. Meine Unterlagen waren erschöpfend. Die Standorte der einzelnen Brigaden – es waren zehn zu je tausend Mann – hatte ich eingezeichnet, ebenso verminte Baumsperren und Hütten.
Ich verabredete, daß Birck und Pogóshew am Standort des Korpsstabes stationiert werden sollten, um sofort Gefangene und Überläufer vernehmen zu können. Dasselbe sollten im Nordabschnitt Timinski und Samótin tun. Ich selbst fuhr während des Unternehmens hin und her.
Beide Kommandierenden Generäle planten, den Wald konzentrisch zu durchkämmen. Da würden ihrer Ansicht nach alle Partisanen vernichtet werden. Dabei war klar, daß die Partisanen im unübersichtlichen Urwald genug Möglichkeiten hatten, den im Waldkampf ungeübten Fronttruppen zu entgehen. Deshalb schlug ich vor, gezielt mit starken Stoßkeilen gegen die befestigten Lager vorzugehen. Doch der Kommandeur sagte nur, das Strategische solle ich lieber ihm überlassen.
Schon in den ersten Tagen des Unternehmens im Südwald erkannten wir durch Vernehmungen von Überläufern und

Gefangenen, daß eine Vernichtung der Partisanen nicht annähernd erreicht worden war. Nach Abschluß des Unternehmens berichtete ich, daß von 10000 Partisanen mindestens 8000 überlebt hatten. Zwar verloren sie ihre Vorratslager und schweren Waffen, aber es bestand kein Zweifel, daß sie bald wieder aktionsfähig sein würden, zumal sofort verstärkte Versorgung durch die Luft einsetzte.

Um so erstaunter war ich, als ich den Abschlußbericht des Kommandeurs erhielt, der 1584 Tote, 1568 Gefangene und 269 Überläufer meldete. Der Rest sei versprengt und aus dem Waldgebiet vertrieben. Besonders empörte mich, daß es Verluste der Deutschen an einer verminten Baumsperre gegeben hatte, die ich ausdrücklich in meinem Bericht angegeben hatte. Meine Angaben waren also der Truppe gar nicht weitergegeben worden!

Da ich die Vorliebe deutscher Stäbe für Kartenskizzen kannte, fertigte ich eine Lagekarte an, in die ich für jeden Tag des Unternehmens den Standort der Partisanen und den der deutschen Einheiten einzeichnete. Es erwies sich, daß zwei Brigaden in Sümpfen unter Wasser gelegen und durch Schilfrohre geatmet hatten. Andere hatten sich in Baumkronen oder in gut getarnten Erdbunkern versteckt.

Das Unternehmen im Norden lief nach demselben Schema ab wie im Süden und mit demselben negativen Erfolg. Dabei wurde auch ein russisches Bataillon unter dem Kommando eines deutschen Majors eingesetzt, der mir durch eine für die damaligen Verhältnisse bemerkenswerte Einstellung in Erinnerung geblieben ist. Leider ist mir sein Name entfallen. Er sagte: Daß ein deutscher Major ein deutsches Bataillon führen kann, ist selbstverständlich, daß ich jedoch ein russisches Bataillon gut führe, rechne ich mir zur Ehre an. Er war es auch, der durch eine Intervention beim Oberbefehlshaber erreichte, daß der Korpskommandeur den Befehl, keine Gefangenen zu machen, rückgängig machen mußte. Ein solcher Befehl war schon deshalb unsinnig, weil die Mehrzahl der Partisanen des Gebietes Waldbauern waren, die durch Funktionäre zwangsmobilisiert worden waren.

Nach dem Abschluß des Unternehmens fand ein Essen aller Offiziere statt, an dem auch ich teilnehmen durfte. Dabei berichtete der Kommandeur des russischen Bataillons, einer seiner Leute habe seinen eigenen Vater gefangengenommen. Der General sagte, er habe ihn hoffentlich in ein Gefangenenlager transportieren lassen. »Nein, Herr General«, sagte der Major. »Ich habe ihm eine deutsche Uniform gegeben, und er hat neben seinem Sohn gegen die Partisanen gekämpft.« »Na ja«, war alles, was der General dazu zu sagen hatte. Doch gerade solche Taten waren es, durch die der Major die Herzen seiner Russen gewann.

An diesem Essen nahm auch ein Major i. G. Heinz Herre vom Stabe Fremde Heere Ost teil. Er nahm mich nach dem Essen beiseite, sagte, er habe einige meiner Berichte gelesen und wollte genauere Informationen über die Lage im Armeegebiet haben. Hier konnte ich endlich alles loswerden, was ich auf dem Herzen hatte. Er sagte, daß sich die Wehrmachtsführung weiter um die Änderung der Ostpolitik bemühe, konnte aber auch keine konkreten Pläne nennen.

Am nächsten Morgen gab es einen Zwischenfall: Die Straße nach Djátkowo war in der Nacht vermint worden, zwei Deutsche wurden getötet. Verstört und entsetzt kam der Bürgermeister zu mir und berichtete, der General habe befohlen, als Vergeltung fünf Bürger der Stadt zu erschießen. Er solle sie benennen.

Ich ging zum Kommandeur und bat, diesen Befehl rückgängig zu machen. Die Partisanen hätten die Minen gerade in der Absicht verlegt, Vergeltungsmaßnahmen auszulösen, die die Bevölkerung gegen die Deutschen aufbringen sollten.

Der General verbat sich brüsk meine Kritik und machte geltend, daß nach Kriegsrecht solche Vergeltungsmaßnahmen statthaft seien.

Darauf rief ich Seebach an und bat, über General Bernhard beim OB zu intervenieren. Tatsächlich kam kurz darauf der Befehl, die Erschießungen nicht durchzuführen.

Als ich schließlich wieder, ziemlich erschöpft, in O-grad ankam, ging ich zu Irina. Sie lag auf ihrem Bett und machte keine Anstalten, sich zu erheben. »Habt Ihr nun alle Partisanen umgebracht?« fragte sie kalt.

Ich setzte mich zu ihr. »Die Brigade Duká ist mit geringen Verlusten entkommen«, berichtete ich.

Sie sah mich an. »Verstehst du nicht, wie mir zumute ist? Die Kameraden kämpfen um ihr Leben, und ich sitze hier!«

»Natürlich verstehe ich dich. Aber ich freue mich, daß du hier bist, weil ich möchte, daß du am Leben bleibst.«

»Ist das so wichtig?«

»Sehr wichtig, finde ich. Und deshalb möchte ich dich noch um etwas bitten: Versuch über deine Mutter festzustellen, wie groß die Verluste der Partisanen tatsächlich waren. Es wäre ein weiterer Beweis, daß du lebend nützlicher bist.«

Bei allem Verständnis für Irinas Stimmung hielt ich es für notwendig, ihr noch diese zusätzliche Aufgabe zu stellen, denn Irina mußte auch vor dem Mißtrauen des SD geschützt werden.

Sie sah mich mit einem schnellen Blick an. »Will man mich wieder dem SD übergeben?«

»Nein. Ich möchte nur vorbeugen. Außerdem – ehe das passiert, würde ich dich fliehen lassen.«

Sie erhob sich und sah mich nachdenklich an. »Du tust ziemlich viel für mich.« –

Einige Tage später rief Quandt an. »Können Sie beweisen, was Sie da in Ihrem Bericht behaupten? Der Kommandeur ist empört. Sie haben seinen Abschlußbericht desavouiert! Kommen Sie sofort her! Der neue Ic, Major Sauerbruch, will Sie sprechen. Und bringen Sie Ihre Beweise mit!«:

Als ich in Orel eintraf, empfing mich Quandt gereizt: »Ich hoffe für Sie, daß Sie Beweise haben.«

»Die habe ich«, sagte ich ruhig. Zu den Vernehmungsberichten kam nun auch die Angabe Irinas, die alles noch einmal bestätigte.

Uns empfing ein sympathischer, höflicher Mann, der sich meinen Bericht interessiert anhörte und auch meine Beschwerde, daß meine Hinweise offenbar nicht an die Truppe weitergegeben worden waren, so daß vermeidbare Verluste bei der verminten Baumsperre entstanden waren. Zum Abschluß sagte er nur: »Da ist wohl einiges schiefgelaufen. Wichtig wäre noch zu wissen, wie und ob die Partisanen während der bevorstehenden Schlacht bei Kursk eingesetzt werden sollen.«

Oberstleutnant i. G. Alexis von Roenne

Anfang Juni erschien von Roenne, Gruppenleiter III beim Stabe Fremde Heere Ost, zu einem Besuch bei General Bernhard. Ich kannte Roenne noch aus der Schulzeit. Wir hatten beide in einem Internat in Treptow an der Rega die Schulbank gedrückt. Roenne war auch Balte.

Seebach fragte mich, was für ein Mensch Roenne sei. Ich sagte: »Sehr intelligent, sehr diszipliniert, ein Mann mit viel Zivilcourage.« Eine Reaktion fiel mir ein, die typisch für ihn war und die mir Strik-Strikfeldt erzählt hatte: Als Roenne ihn einmal gefragt hatte, warum er sich unentwegt für eine Änderung der deutschen Ostpolitik einsetze und sich dabei so gefährlich exponiere, hatte Strikfeldt geantwortet, er fühle sich verpflichtet, erstens vor Gott und seinem Gewissen, zweitens, weil es politisch richtig sei und drittens, weil er das russische Volk schätze und ihm helfen wolle. Darauf hatte Roenne in seiner knappen Art gesagt: Eins entfällt heutzutage, zwei ist richtig, drei ist Landesverrat, und mit dem Anflug eines Lächelns: Aber Sie haben natürlich recht.

Nachdem Roenne bei Bernhard gewesen war, bat ich um einen Besuch bei mir, wobei ich auch Seebach dazuholte. Wir wollten endlich wissen, was eigentlich gespielt wurde.

Als Roenne erschien, servierte die Moltschánowa Kaffee und Cognac. Roennes schmales Gesicht mit den dicken Brillengläsern wirkte abgespannt.

»Wir danken Ihnen, daß Sie gekommen sind, Herr Oberstleutnant«, begann Seebach. »Wir hoffen, einiges von Ihnen zu erfahren. Wlassows Reise war ein großer Erfolg. Lange verschüttete Hoffnungen in der Bevölkerung lebten wieder auf. Hat man Konsequenzen daraus gezogen?«

»Man hat Konsequenzen gezogen, nur andere, als wir erwartet hatten. Wlassow hat beim Stab der 18. Armee, beeindruckt von der herzlichen Aufnahme, gesagt, er hoffe, sich eines Tages in Moskau revanchieren zu können. Diese natürliche Geste der Höflichkeit wurde im Führerhauptquartier als unerhörte Anmaßung bezeichnet. Es erging ein

Befehl Keitels, der bezeichnend ist für den dort herrschenden Geist. Angesichts der unqualifizierten, unverschämten Äußerungen Wlassows sei dieser sofort in ein Kriegsgefangenenlager zu überführen. Sollte er noch einmal in Erscheinung treten, sei er der Geheimen Staatspolizei zu übergeben und unschädlich zu machen.«

»Das ist doch hirnverbrannt!« empörte sich Seebach.

»Sicher. Die Wehrmachtskreise wollten diesen Befehl auch nicht ohne weiteres hinnehmen und verlangten, da der Dienstweg durch Keitel blockiert war, eine Unterredung mit Rosenberg. Es fand eine Konferenz mit Vertretern Rosenbergs statt. Der Generalstab war mit zwanzig Offizieren vertreten. Vor ihnen türmte sich ein Berg von Memoranden aller Armeen. Feldmarschall Kluge brachte klar zum Ausdruck, daß der Krieg verloren sei, wenn nicht sofort ein radikaler Wandel in der Ostpolitik einträte. Doch es geschah nichts. Die Vertreter Rosenbergs hatten keinerlei Vollmachten, und Rosenberg selbst wurde von Hitler nicht empfangen. Wlassow wurde von der Wehrmacht in einer Villa in Berlin untergebracht, um ihn vor dem Lager zu bewahren. Den Befehl Keitels hat man ihm verschwiegen.«

»Und was soll nun geschehen?« fragte ich.

»Es soll Nachrichtenmaterial beschafft werden, das die Undurchführbarkeit kolonialer Unterwerfung beweisen soll. Außerdem sollen vollendete Tatsachen geschaffen werden, die nicht mehr rückgängig gemacht werden können, ohne das ganze Gefüge der Ostfront zu erschüttern. Immerhin steht fast eine Million Russen gegen ihr Regime unter Waffen. Man kann nur mit militärischen Notwendigkeiten argumentieren. Moralische Bedenken kennt Hitler nicht. Allerdings glaube ich nicht an seine Einsicht. Und deshalb wird man wohl andere Mittel anwenden müssen, um noch zu retten, was zu retten ist.«

Erst ein Jahr später, als Roenne nach dem gescheiterten Putsch vom 20. Juli hingerichtet wurde, begriff ich, was er mit diesen Worten gemeint hatte.

Nachdem Roenne abgefahren war, saßen wir noch lange zusammen. Später kam noch der Prinz dazu, der eine weitere Hiobsbotschaft mitbrachte. Er zog eine Broschüre aus der Tasche und warf sie auf den Tisch. »Schauen Sie sich dieses Machwerk an! Es übertrifft alles, was bisher an Borniertheit und Niedertracht geleistet worden ist.«

Ich las den Titel: »Der Untermensch«. Da waren Fotos sauberer, blonder Deutscher verdreckten russischen Gefangenen gegenübergestellt. Und dann kam die Definition des Begriffes »Untermensch«.

Der Prinz las vor. Er betonte jedes Wort.

»Der Untermensch, eine biologisch scheinbar völlig gleichgeartete Naturschöpfung, ist doch eine ganz andere, eine furchtbare Kreatur, ein Wurf zum Menschen hin, mit menschenähnlichen Gesichtszügen, seelisch jedoch tiefer stehend als jedes Tier.«

»Tatsächlich«, sagte Seebach erschüttert. »Wenn ich das nicht vor mir hätte, würde ich nicht glauben, daß es so etwas geben kann.«

Generaloberst Schmidt von Hitler abgesetzt

Mitte Juni 1943 wurde Generaloberst Schmidt seines Postens enthoben. Der Stab der 2. Panzerarmee wurde an einen anderen Frontabschnitt versetzt. Die Einheiten wur-

den unter der neuen Bezeichnung 9. Armee dem Oberbefehl des Generalobersten Model unterstellt. Er galt als fähiger, aber unpolitischer Mann.
An Stelle von Quandt kam ein Oberstleutnant Lange. Ich wurde zu ihm nach Orel zitiert und mußte über meine Tätigkeit berichten. »Etwas ungewöhnlich, was Sie da tun«, war seine Reaktion. »Na ja, der General hat es genehmigt. Ich werde mir Ihren Laden mal ansehen.«
Lange war mir vom ersten Augenblick an unsympathisch. Ein kleiner Mann mit verkniffenem Gesicht und verschlagenen Augen, die es vermieden, einen direkt anzusehen.
Seebach warnte mich vor ihm. Er galt als überzeugter Nazi und zudem als Mensch, der nach oben buckelte und nach unten trat. Er war einer jener Offiziere, die auch in Friedenszeiten im Nachrichtendienst gearbeitet hatten. Oft waren das aus der Bahn geworfene Menschen, die unter Minderwertigkeitskomplexen litten und sich deshalb mit den Attributen ihrer Macht und ihrer Geheimnistuerei umgaben. Um jeden Preis wollten sie Erfolge melden, wobei moralische Bedenken und Menschenleben selten eine Rolle spielten. Lange pflegte denn auch, wenn er getrunken hatte, mit der Zahl der Spione zu renommieren, die er an den Galgen geliefert hatte.
Die Antipathie beruhte auf Gegenseitigkeit. Meine etwas saloppe, nicht sehr militärische Art mißfiel ihm, was er gleich Seebach gegenüber zum Ausdruck brachte. Seebachs Einwand, daß ich keine militärische Ausbildung gehabt habe und meine Fähigkeiten auf anderem Gebiet lägen, ließ er nicht gelten. »Er hat sich gefälligst anzupassen«, hatte er gesagt. »Sonst bekommt er Unannehmlichkeiten.«
Wenige Tage nach meinem Besuch rief Lange an. Er

werde am nächsten Tag um zehn Uhr mein Kommando inspizieren.

Pünktlich um zehn fuhr sein Wagen auf den Hof. Das Kommando war angetreten. Ich nahm die Hacken zusammen, hob die Hand an die Mütze und meldete vorschriftsmäßig, was Krause, wie ich sah, ein leises Grinsen entlockte.

Neben dem Oberstleutnant schritt ich die Front ab. Er trug, wohl um größer zu wirken, die sonst an der Front nicht übliche steife hohe Mütze, wie sie auch der Führer trug.

Ich stellte ihm die Deutschen des Kommandos vor und auch Pogóshew: »Hauptmann Pogóshew war Offizier einer Panzerdivision und ergab sich während der Schlacht um Kiew. Er führt die Russen meines Kommandos und hilft bei Vernehmungen.«

»So«, nahm Lange herablassend zur Kenntnis.

Gemeinsam mit Pogóshew begleitete ich Lange zum Gefangenenhaus. Dort meldete der wachhabende Soldat in russischer Sprache.

»Sie lassen die Gefangenen von Russen bewachen?« fragte Lange.

»Jawohl, Herr Oberstleutnant. Alle Wachen sind Russen. Ich habe nur vier Deutsche.«

»Und Sie sind sicher, daß nichts schiefgeht?«

»Ganz sicher.«

»Na ja, ich bin ein alter Abwehrhase und nicht so sicher. Wieviele Gefangene haben Sie jetzt?«

»Zwölf. Zehn Männer und zwei Frauen.«

Wir gingen durch die Räume, und ich erklärte kurz die Geschichte der Gefangenen. Zum Schluß kamen wir zu einer Gefangenen, die Ljuba Lomákina hieß. Ich berich-

tete, daß durch ihre Aussage ein wichtiger Verbindungsmann gefaßt und ein Geheimsender sichergestellt werden konnten.
Als wir das Zimmer betraten, saß Ljuba auf einem Stuhl und machte keine Anstalten, sich zu erheben.
»Machen Sie ihr klar, daß sie sich gefälligst zu erheben hat, wenn ein deutscher Offizier das Zimmer betritt«, schnauzte Lange.
Ljubas Augen wurden schmal. Offenbar hatte sie verstanden.
»Erheben Sie sich bitte. Es ist so üblich«, sagte ich auf russisch.
Daraufhin erhob sie sich mit aufreizender Langsamkeit und stellte sich neben den Stuhl.
Der Oberstleutnant betrachtet sie. Sie war ein hübsches, vollbusiges Mädchen. Sein Blick wurde lüstern. »Ist schon untersucht worden, ob sie geheime Informationen bei sich hat?«
»Sie übergab uns eine Kartenskizze.«
»Das ist kein Beweis. Ich weiß, wo Frauen Geheimsachen verbergen. Sagen Sie ihr, daß sie sich ausziehen soll.«
Ich sah, daß das Mädchen bleich geworden war. Sie sagte nichts, starrte jedoch mich an.
»Wenn Sie befehlen, werde ich eine Leibesvisitation vornehmen lassen. Das macht bei uns die Frau des Hauptmanns Pogóshew«, sagte ich kalt. Zwar hatte Pogóshew gar keine Frau, aber mir fiel im Moment nichts Besseres ein.
Lange spürte nun wohl doch meinen Abscheu und wollte sich keine Blöße geben. So lenkte er unwillig ein. »Na schön, melden Sie mir das Resultat!«
Damit war die Inspektion beendet. Er verabschiedete sich rasch und lehnte die Einladung zu einem Imbiß ab.

Als er abgefahren war, sagte Pogóshew: »Den haben Sie sich zum Feind gemacht. Solche Leute vergessen eine Niederlage nicht.«
Ljuba aber entließ ich kurz darauf aus der Haft. Sie war keine Partisanin, sondern hatte in einem von den Deutschen wieder in Betrieb genommenen Werk gearbeitet, wo sie einen Ausweis erhielt, mit dem sie sich frei bewegen konnte. Deshalb schien sie den Partisanen geeignet, die Verbindung zu einem mit Fallschirm abgesetzten Mann herzustellen, der für einen Geheimsender in einem Vorort von Brjansk eine neue Batterie überbringen sollte. Bei der Vernehmung durch Pogóshew gestand sie sofort alles. Sie half dann der Moltschánowa in der Küche. Später lieh ich sie dem Korück aus, der eine Bedienung für das Offizierskasino brauchte.

Letzter Besuch in Lokotj

Ende Juni rief mich Grünbaum an und sagte, Kaminski wolle mich sprechen. Die Stimmung sei ausgesprochen schlecht, besonders nachdem Generaloberst Schmidt abgesetzt worden sei.
Als ich zu Kaminski kam, begrüßte er mich gleich mit der Frage: »Haben Sie neue Nachrichten?«
Da ich verneinen mußte, wurde sein Gesicht hart. »Ist Ihnen klar, daß die Enttäuschung über die deutsche Politik wächst? In anderen Gebieten noch mehr als bei uns. Wir kämpfen nicht gegen Stalin, um deutsche Kolonie zu werden. Hunderttausend potentielle Mitkämpfer können leicht zu Feinden werden. Die wachsende Feindseligkeit der Bevölkerung und das Anwachsen der Partisanentätigkeit ste-

hen in direktem Zusammenhang mit dem Verhalten der Deutschen. Je weniger man an eine Wende ihrer Politik und damit an ihren Sieg glaubt, desto mehr Russen werden geneigt sein, sich in irgendeiner Weise rückzuversichern.«
Ich sagte, daß ich seine Ansicht teile und daß die Wehrmacht sich in verstärktem Maße bemühe, eine Wende herbeizuführen, daß ich es aber für klüger hielte, wenn er seine Kritik nur Freunden gegenüber äußern würde.
Er verstand sofort, und sein Temperament ging wieder einmal mit ihm durch. »Ach was!« rief er. »Meine Kritik ist berechtigt! Nicht nur unser Schicksal, auch das der Deutschen steht auf dem Spiel. Soll die Gestapo doch versuchen, mich hier herauszuholen! Ich habe 20000 Mann mit 24 Panzern und 6 Flakgeschützen!«
Trotzdem, gab ich zu bedenken, sei es besser, vorerst nicht offen so kraß zu kritisieren. Wenn es an die falsche Stelle käme, könne es mehr schaden als nützen.
Zum Abschied sagte er versöhnlich: »Ich weiß ja, daß die Wehrmacht unserer Ansicht ist, aber offenbar hat sie zu wenig Macht. Sonst wäre ja auch der großartige Oberbefehlshaber nicht abgesetzt worden. Halten Sie mich bitte weiter auf dem laufenden.«
Er begleitete mich noch zum Wagen. Als ich schon im Wagen saß, sagte er: »Übrigens sollten Sie das EK für Herrn Grünbaum vorschlagen. Er hat an einigen Unternehmen teilgenommen, obgleich der dazu nicht verpflichtet war und sich durch besondere Tapferkeit ausgezeichnet.«
Ich bat um einen genauen Bericht. Typisch, daß Grünbaum selbst nichts darüber berichtet hatte.

Abschied von O-grad

Die große Entscheidungsschlacht bei Kursk war verloren. Uns war klar, daß das die entscheidende Wende war. Kurz darauf wurde Orel aufgegeben und eine neue Frontlinie bei Káratschew gebildet. Der Rückzug zum Dnjepr schien nur noch eine Frage von Tagen.

Der Obersturmführer Loleit kam aus Lókotj mit traurigen Nachrichten. Grünbaum war mit dem Motorrad verunglückt und mit einem Schädelbruch nach Deutschland transportiert worden. Die RONA Kaminskis war mit allen Waffen und ihren Angehörigen in den Raum Lepel abtransportiert worden. Trotz der angespannten Transportlage hatte die Armee genügend Laderaum zur Verfügung gestellt. Mehr als 50000 Menschen gingen freiwillig mit den Deutschen zurück. Kurz vorher war es noch zu einer Tragödie gekommen. Das 4. Regiment der RONA war bei Sewsk eingesetzt worden, um die Stadt zu halten, bis der Rückzug gesichert war. Der Roten Armee gelang es jedoch, durch einen überraschenden Panzerdurchbruch die Stadt einzuschließen. Nach zweitägigen blutigen Kämpfen und heroischer Gegenwehr wurde das Regiment bis zum letzten Mann niedergemacht. Der Kommandeur wurde verwundet an einen Panzerspähwagen gebunden und durch die Straßen der Stadt zu Tode geschleift.

Als Loleit berichtete, war der Prinz bei mir. Er sagte: »Nicht schön, so sinnlos zu sterben. Vermutlich wird das auch unser Schicksal sein.« Und dann zitierte er: »›Von zwanzigtausend toter Krieger Traum ist nichts geblieben als das Frühlingsgras an eines Schlachtfelds Saum.‹ Ein japanisches Gedicht«, erklärte er. In den letzten Tagen war er ernster als sonst und sagte, er habe kein gutes Gefühl. Es war wie eine Vorahnung seines späteren Schicksals.

Schließlich war alles für den Rückzug vorbereitet, der geordnet durchgeführt werden sollte. Nur die Außenstelle in Kletnja machte mir Sorgen. Die Verbindung dorthin war seit Tagen abgerissen. Schließlich gelang es Seebach, den Standort des Bataillons ausfindig zu machen. Es war abgerückt, ohne Bischler und Carnatz mitzunehmen. Der Bataillonskommandeur entschuldigte sich damit, Bischler habe verlangt, den gesamten OD mit Familien mitzunehmen. Das sei technisch nicht möglich gewesen. Darauf habe Bischler erklärt, er werde beim OD bleiben und versuchen, im Fußmarsch den Dnjepr zu erreichen. Carnatz habe sich vermutlich Bischler angeschlossen.

Der Kommandeur hatte nur an seine eigene Haut gedacht. Ich konnte nur hoffen, daß es Bischler gelingen würde, sich nach Westen durchzuschlagen.

Lange hatte ich überlegt, was mit Irina geschehen sollte. Schließlich hatte ich ihr freigestellt, in Brjansk zu bleiben. Niemand würde mich verantwortlich machen, wenn ich angab, ihr sei beim Durcheinander des Rückzugs die Flucht gelungen. Doch sie hatte abgelehnt. »Ich bleibe bei dir«, hatte sie erklärt. »Was wir erleben, erleben wir gemeinsam.«

Der Abmarsch war auf den 3. September festgesetzt worden. Vorher wollte sich Irina noch von ihrer Mutter verabschieden. Es würde ein schwerer Abschied werden. Wir hatten vereinbart, daß sie am nächsten Vormittag zurück sein sollte. Es war der letzte Termin.

Ich begleitete sie bis zum Stadtrand. Als ich zurückkam, standen Beljájew und Tschumák vor mir.

»Nanu«, sagte ich überrascht. »Sie sind noch hier?« Ich

hatte mich in der letzten Zeit nicht mehr um sie kümmern können.
»Wir gaben unser Wort«, sagte Beljájew.
»Wollen Sie mitkommen?« fragte ich.
Beljájew berichtet, daß der Versuch, sie in einem deutschen Krankenhaus arbeiten zu lassen, gescheitert sei. Russische Ärzte könnten in deutschen Krankenhäusern nicht arbeiten. »Wenn ich gleichberechtigt als Arzt hätte arbeiten können«, erklärte er, »wäre ich mitgekommen. Ich habe keine Familie. Mich hält hier nichts. So aber muß ich weiter unter diesem Regime leben – falls Sie mich gehen lassen.«
»Im Prinzip«, sagte ich, »kann das nur der General entscheiden, aber tatsächlich wird sich niemand mehr darum kümmern. Die Herren haben jetzt andere Sorgen. Ich wünsche Ihnen alles Gute!«
Auch Tschumák verabschiedete sich herzlich von mir. »Wir wollen Ihnen noch einmal danken. Sie haben nicht nur uns geholfen. Wir werden Sie nicht vergessen. Werden Sie keine Unannehmlichkeiten haben, wenn wir nicht mitkommen?«
»Ich werde keine Unannehmlichkeiten haben«, sagte ich, »aber ich freue mich, daß Sie gekommen sind.«
Am nächsten Tag waren die Lastwagen unter Führung von Pogóshew schon zum Stadtrand gefahren. Nur ich war zurückgeblieben, um auf Irina zu warten. Langsam ging ich noch einmal über das Gelände, wo wir fast anderthalb Jahre gelebt hatten. Die Häuser, noch eben mit Leben erfüllt, standen leer. Türen waren offen geblieben, unnützer Kram achtlos fortgeworfen.
Ich ging über den Hof zu dem Haus, in dem Irina gewohnt hatte. Auch hier ein Bild der Verlassenheit. Durch das

klaffende Fenster sah ich ins Zimmer. Das unbezogene Bett, ein umgestürzter Stuhl, nichts Persönliches mehr, als habe hier nie jemand gewohnt.

Wind wirbelte Blätter auf, tiefe Wolken segelten vorbei. Stille, nur unterbrochen vom fernen Grollen der Front. Ich setzte mich auf den niedrigen Zaun und grübelte vor mich hin. Was erwartete mich? Wieder überkam mich ein Unbehagen, das ich noch mehrmals erleben sollte: Die Erkenntnis, daß im Hintergrund eine unbekannte Gefahr lauerte, auf deren Einbruch ich keinen Einfluß hatte.

Was möglich war, hatte ich getan. Die Familien der V-Leute waren unter Führung von Birck mit einem Sonderzug nach Wilna transportiert worden. Ich war nun voll motorisiert und beweglich.

Schließlich raffte ich mich auf. Irina hätte längst zurück sein müssen. Ich konnte nicht mehr lange auf sie warten.

Da sah ich sie. Schnell, mit gesenktem Kopf, hastete sie heran. »Gott sei Dank!« sagte sie. »Ich fürchtete schon, du seist fort.«

»Schnell!« drängte ich. »Wir müssen fahren.«

Wir fuhren zur wartenden Kolonne. Ich übernahm die Spitze.

Eine Zeitlang fuhren wir schweigend. Ich sah, daß Irina mit den Tränen kämpfte. Nach einer Weile begann sie langsam und stockend zu sprechen. »Zu Hause war es schrecklich. Meine Mutter weinte und wollte mich nicht fortlassen. – Dann kamen Partisanen und gaben mir einen Auftrag. Sonst hätte ich vielleicht gar nicht fort gekonnt. Meine Mutter sah mich traurig an. Sie fühlte wohl, ich würde nicht zurückkehren. – Aber es war ja nicht nur meine Mutter. Ich lasse doch alles zurück, woran ich, so lange ich lebe, geglaubt habe. – Ich komme mir so egoistisch vor. Im Grunde folge ich doch nur meiner Liebe.« Sie wischte sich die Tränen aus den Augen.

Nach einer Weile fragte ich: »Was war das für ein Auftrag?«

»Sie gaben mir Gift. Ich sollte es in euer Essen mischen.« Sie sah zu mir auf und konnte wieder lächeln. »Jetzt sind wir quitt.«

»Ja«, sagte ich, »jetzt sind wir quitt«, und mußte an das denken, was Pogóshew gesagt hatte.

Um die überfüllten Hauptstraßen zu meiden, fuhr ich auf Nebenstraßen. Hier ahnte die Bevölkerung noch nichts vom Rückzug der Deutschen. Überall schien das Leben normal zu verlaufen. In einem der Dörfer wurde ein Markt abgehalten, und plötzlich rief Irina: »Der Prinz!«

Tatsächlich, da stand mitten unter den Kauflustigen der Prinz und neben ihm sein Pudel.

Ich stieg aus. »Was, zum Teufel, tun Sie hier?« fragte ich.

»Ich kaufe Honig. Es gibt hier wunderbaren Honig. Sehr gesund! Der Stab ist schon vorausgefahren.« Er erblickte Irina. »Oh, da ist ja auch die reizende Irina! Sie kommt tatsächlich mit!« Er ging zum Wagen und begrüßte sie. »Ich freue mich sehr, Sie zu sehen. Dann werden wir uns ja in Bobruisk wiedersehen. Ich freu' mich darauf.« Damit ging er zu seinem Honigstand zurück.

»Wollen Sie nicht mitkommen?« rief ich ihm zu.

»Ich komme nach. Mein Wagen steht drüben.« Noch einmal winkte er mit seinem jungenhaften Lächeln. Irina winkte zurück.

Es war das letzte Mal, daß wir ihn sahen. Er kam nie in Bobruisk an. Erst nach dem Kriege erfuhr ich, daß er in einem Lazarett bei Leningrad gestorben war.

Der Autor im August 1942

»Gospodin Sonderführer«
v. l.) inmitten seiner
sischen Freiwilligen, 1942

3 General Wlassow und Maria Woronowa nach der Gefangennahme, 1942

4 Oberst Sacharow und Generalleutnant Shilenkow (links) bei der Vereidigung in Ossintorf, 1942

Major von Wedel, des Autors
ntimfreund« von der 293. Infanterie-
ivision

ʌlfred Rosenberg, der Reichsminister für
besetzten Ostgebiete (weiße Uniform),
d Erich Koch, der Reichskommissar
· Ukraine (links daneben),
· Sewastopel, 1942

7 Timinski und Berkutow (rechts) in Brjansk, 1942

8 Partisanenabteilung von Kapitän Kulikow im Waldgebiet nördlich Brjansk, 1943

Der Autor neben Oberst-
tnant Quandt nach der
rleihung des EK II,
zember 1942

Nach dem Bombenangriff
O-grad: Carnatz, Grün-
m, Autor, v. Wedel (v. l.)

11 Generaloberst Rudolf Schmidt, der Oberbefehlshaber der 2. Panzerarmee, Juli 1943

12 Generalleutnant Shilenkow, Oberst Kromiadi, Oberst Bojarski, 1943 (v. l.)

3 Der Autor in Bobruisk, ebruar 1943

4 Der Bürgermeister von uga, Andrejew, begrüßt eneral Wlassow am 5. 1943 (daneben ittmeister von Dollings-usen und Dr. Haelbrandt)

15 Generalleutnant
Friedrich Bernhard

16 ROA-Brigade (mit Fahnenträger Oberleutnant Graf Lamsdorff) bei Pskow, 1943

Hauptmann Wilfried Strik –
rikfeldt

General Max Graf v. Schencken-
rff beim Vorbeimarsch russischer
eiwilligen-Bataillone in Bobruisk,
43

19 Der Autor (links) mit Grünbaum und Carnatz, 1943

20 Dr. Makarowski und seine spätere Ehefrau, 1944

1 Bronislaw Kaminski, Kommandeur der
eichnamigen Brigade, Ende 1944

Die letzte Aufnahme von Ferdinand
sendowski, dem weltberühmten Reise-
riftsteller (r. u.)

Sieger und Besiegte: Händedruck zwischen
eneral Tadeusz Graf Bor-Komonowski (links)
d SS-General Erich von dem Bach-Zelewski
2. 10. 1944

24 Major Alexander von Seebach (Nachkriegsfoto)

25 Ljuba bei meinem Abschied von Gut Kaden

II
Bobruisk

(September 1943 – Juni 1944)

Die Kommandantur

Der Rückzug der Armee zur Dnejprlinie vollzog sich planmäßig und ohne große Verluste. Ich erreichte mit meinen Leuten am 24. September Bobruisk.
Im Gegensatz zur bisherigen Regelung bezogen der Armeestab und der Stab Korück am selben Ort, in Bobruisk, Quartier. Das bedeutete für mich eine Arbeitserleichterung, aber auch eine größere Gefährdung durch den mir übelwollenden Lange.
Das neue Verwaltungsgebiet der Armee umfaßte riesige Waldgebiete, die sich im Süden bis zu den berüchtigten Pripjétsümpfen hinzogen. Sie waren unmenschlich in ihrer trostlosen Einsamkeit: stundenweit weg- und dammloser, mit Wassertümpeln durchsetzter Sumpf, die lastende Stille nur unterbrochen vom Geläut der Unken und dem Summen riesiger Mückenschwärme.
Hier waren die Partisanen noch schwerer zu bekämpfen als in den Wäldern um Brjansk.
Besonders geschützt werden mußte die Bahnlinie von Bobruisk nach Minsk, über die der gesamte Nachschub der Armee rollte. Die Sicherung wurde zum Teil dem russischen OD übertragen, der in kurzen Abständen Bunker baute. An dieser Bahnlinie, in Ossipówitschi und Marina Gorka, richtete ich die beiden ersten Außenstellen ein.
Zum Stadtkommandanten wurde der Generalmajor Hamann ernannt, den ich schon aus Brjansk in unangenehmer Erinnerung hatte. Als ich mich bei ihm meldete, befahl er, ich solle Quartier in Gluscha beziehen, rund vierzig Kilome-

ter westlich Bobruisk. Ich wies darauf hin, daß ich auf die Zusammenarbeit mit dem Armeestab und dem Stab Korück angewiesen sei und deshalb in Bobruisk bleiben müsse. Seine Reaktion war kurz: »Ab morgen beziehen Sie Quartier in Gluscha.«

Auf Befehl von General Bernhard blieb ich natürlich doch in Bobruisk, aber dieser Zwischenfall trug nicht zur Entspannung zwischen uns bei.

Wichtiger war die Ortskommandantur. Von der Qualität des Ortskommandanten hing erfahrungsgemäß in hohem Maße die Stimmung der Bevölkerung ab. Ich erkundigte mich zunächst beim russischen Bürgermeister der Stadt, Krupénja, einem energischen, fähigen Mann. Mit bemerkenswerter Zivilcourage gab er ein negatives Urteil über die Tätigkeit der Kommandantur ab. Besonders unbeliebt sei der Dolmetscher wegen seiner Grobheit und Rücksichtslosigkeit.

Das war etwas Außergewöhnliches. Im allgemeinen spielten die Dolmetscher im Osten eine gar nicht zu überschätzende Rolle als ausgleichendes Element. Die meisten waren Balten, die die Russen kannten und achteten. In unzähligen Fällen beeinflußten sie ihre des Landes unkundigen Vorgesetzten, milderten oder umgingen unsinnige und schädliche Maßnahmen und retteten so viele Menschenleben. Meist stellten sie schnell ein Vertrauensverhältnis zur Bevölkerung her, waren beliebt und fanden Glauben, wenn sie davor warnten, den Haß auf einen ›miesen‹ Deutschen auf das ganze Volk zu übertragen.

Ich beschloß, mir selbst ein Bild zu verschaffen. An der Tür des Empfangsraumes der Kommandantur las ich: Sprechstunden von 9 bis 13 Uhr, Sonnabend und Sonntag geschlossen.

Bürostunden wie im Frieden, dachte ich. So also lebte man in der Etappe!

Als ich den Warteraum betrat, grüßten die Russen devot. Anders als im Brjansker Gebiet machten sie einen verschüchterten, mißtrauischen Eindruck. Ich fragte, ob sie alle noch zum Sonderführer wollten. Es war schon kurz vor eins.

Sie bejahten mürrisch. Ein älterer, besser als die anderen gekleideter Mann, erhob sich und sagte, er sei der Bürgermeister von Gluscha. Für die, die heute nicht mehr drankämen, würden Nummern ausgegeben. Sie müßten dann am nächsten Tag wiederkommen. Auch er käme nicht mehr dran, obgleich er wichtige Anliegen und einen weiten Weg habe.

Aus dem Dienstzimmer ertönte eine knarrende, hohe Stimme, die mir bekannt vorkam. »Scher dich raus! Ich hab gesagt, es geht nicht!« Zugleich wurde die Tür aufgestoßen, und ein Dolmetscher im Unteroffiziersrang beförderte einen alten Mann aus dem Zimmer. »Der Nächste!« brüllte er.

Als er mich bemerkte, stutzte er und fragte, ob ich zum Sonderführer wolle.

»Machen Sie nur weiter«, sagte ich. »Ich warte bis zum Schluß der Sprechstunde.«

Nachdem sich die Tür geschlossen hatte, fragte ich den Bürgermeister, wie er die Lage im Verwaltungsgebiet beurteile. Er könne offen sprechen.

Ich hörte einen deprimierenden Bericht, dem die Anwesenden mit verschlossenen Gesichtern zuhörten.

Die Stimmung war miserabel, das war klar.

Kurz vor 13 Uhr erschien der Dolmetscher und verteilte Nummern für den nächsten Tag. Ich hielt den Bürgermeister zurück und sagte, daß ich in Kürze einen Teil meiner Leute in Gluscha stationieren würde und dankbar wäre, wenn er für ein geeignetes Quartier sorgen würde. Er könne sich dann mit seinen Problemen dorthin wenden.

Da erschien in der Tür der Sonderführer. Jetzt wußte ich, woher ich die Stimme kannte. Ich hatte in Leipzig einige Semester mit ihm zusammen studiert. Ein kleiner, unansehnlicher Mann mit unreiner Haut, der hier offenbar seine Minderwertigkeitskomplexe abreagierte. Er hieß B.[1]

»Steenberg!« rief er, »wie kommen Sie hierher? Wieviel Jahre ist es her?« Er bemerkte den Bürgermeister, der hinter mir stand. »Heute ist Schluß! Komm morgen wieder!« schnauzte er ihn an.

»Es ist der Bürgermeister von Gluscha«, schaltete ich mich ein. »Er hat einen weiten Weg und wichtige Probleme.« Etwas in meinen Augen ließ ihn offenbar einlenken.

»Meinetwegen! Aber schnell!«

Der Bürgermeister bat, die Normen für Ablieferung der Produkte zu senken, weil die Partisanen in den abgelegenen Dörfern immer wieder Vieh und Getreide requirierten.

»Dann müssen eben die anderen Dörfer mehr aufbringen«, schnauzte B.

»Es geht beim besten Willen nicht«, sagte der Bürgermeister. »Einige Familien hungern schon, und die Kinder haben keine Milch.«

»Was du machst, ist deine Sache. Es ist Krieg, verstanden?!«

Ich reichte dem Bürgermeister ostentativ die Hand. »Ich komme in den nächsten Tagen zu Ihnen. Bereiten Sie einen schriftlichen Bericht vor. Vielleicht kann ich über den Armeestab etwas erreichen.«

---

[1] Wegen der Familie des B. wird hier der volle Name nicht genannt.

Der Bürgermeister sah mich dankbar an und sagte, er werde das Quartier vorbereiten.

B. hatte die Szene mit verkniffenem Gesicht beobachtet. »Diese Kerle wollen sich nur drücken. Die Heimat braucht Lebensmittel. Das ist wichtiger als wenn ein paar Russen mehr draufgehen.«

Ich unterdrückte eine scharfe Bemerkung, weil ich erst den Kommandanten kennenlernen wollte.

»Warum duzen Sie den Bürgermeister?« fragte ich, als wir zur Kommandantur gingen.

»Ich duze alle Russen, damit sie gleich merken, wer hier der Herr ist.«

»Ein Dolmetscher sollte der beliebteste und nicht der verhaßteste Mann sein«, erwiderte ich.

»Sie haben romantische Vorstellungen. Hier kommt man nur mit Härte weiter.«

Diesen Spruch kannte ich, doch ich beherrschte mich.

»Was machen Sie am Nachmittag?« fragte ich.

»Wir spielen Karten und trinken. Leider zu viel. Der Kommandant ist kein Kostverächter. So habe ich es mir auch angewöhnt. Was soll man hier auch anderes tun?«

Mit Mühe unterdrückte ich wieder eine scharfe Antwort.

Mich begrüßte lärmend ein grauhaariger, korpulenter Major der Reserve, dem man ansah, daß er jahrzehntelang keine Uniform mehr getragen hatte. Er war keineswegs freiwillig nach Rußland gekommen und versuchte nun das Beste aus seinem ungeliebten Amt zu machen. Das hieß: möglichst wenig tun und möglichst viel gehamsterte Dinge nach Hause schicken. Mit schöner Offenheit und kumpelhafter Vertraulichkeit erklärte er, der Aufenthalt in diesem Scheißland habe nur den einen Vorteil, daß man etwas organisieren könne. Stolz schilderte er seine Methode:

Reihum wurde den russischen Bürgermeistern aufgetragen, Butter und Gänse zu beschaffen. Bezahlt wurde mit Salz, das hier Mangelware war und mit wertlosem Sowjetgeld, das offiziell noch gültig war. »Nach außen hin ist alles legal!« lachte er dröhnend. Abwechselnd wurden dann die unteren Chargen mit schwerem Gepäck in Urlaub geschickt, damit sie die Ware bei den Frauen der Offiziere abliefern konnten.

Jetzt war mir klar, weshalb die Stimmung der Bevölkerung miserabel war. Ich hatte genug gehört. Die Aufforderung, mich nach dem Essen am Kartenspiel zu beteiligen, lehnte ich ab.

Als B. mich zum Wagen begleitete, wurde ich deutlich. »Was ich bisher von dieser Kommandantur gesehen habe, ist unverantwortlich! Der Kommandant untersteht jetzt der Armeeverwaltung. Wenn ich das, was ich hier gesehen habe, melde, würde es katastrophale Folgen für Sie und Ihren Kommandanten haben. Sorgen Sie dafür, daß diese Mißstände abgestellt werden. Halten Sie auch nachmittags Sprechstunden ab und hören Sie auf, die Russen zu duzen. Unterlassen Sie die Schiebungen mit Lebensmitteln! Es ist mir unverständlich, wie Sie als Dolmetscher so handeln konnten.« Ich reichte ihm die Hand. »Es tut mir leid, aber trotz unserer alten Bekanntschaft werde ich rücksichtslos melden, wenn sich die Einstellung der Kommandantur nicht grundlegend ändert. Ich hoffe, Sie lassen es nicht dazu kommen!«

B. hatte verblüfft zugehört. Er schien aufbegehren zu wollen, sagte aber dann, mühsam beherrscht: »Ich werde es mit dem Kommandanten besprechen.«

Die Furcht, seinen geruhsamen Posten zu verlieren, schien gesiegt zu haben.

Deprimiert fuhr ich zu Seebach und bat, zunächst abzuwarten, ob meine Intervention Erfolg haben würde.
Seebach war sorgenvoll. Weder vom Prinzen noch von Bischler und Carnatz gab es Nachrichten. Es bestand kaum noch Hoffnung, daß es ihnen gelingen würde, sich zu den deutschen Linien durchzuschlagen. Die Rote Armee hatte mit Spitzen schon den Dnjepr erreicht.
Doch acht Tage nach Abschluß der Rückzugsbewegungen rief Seebach an. »Kommen Sie her. Ich habe eine Überraschung für Sie.«
Vor Seebachs Tür standen zwei martialisch aussehende OD-Leute mit Maschinenpistolen. Und bei Seebach saß Bischler. Er sprang auf und begrüßte mich mit seiner dröhnenden Stimme und eisernem Händedruck.
Dank der Ortskenntnis der OD-Leute war es ihm gelungen, in Nachtmärschen bis zu den deutschen Linien durchzukommen, obgleich Teile des Gebietes schon von den Russen besetzt waren. Ein Überfall von Partisanen zu Beginn des Marsches konnte zurückgeschlagen werden. Dabei war Carnatz verwundet worden. Er hatte sich Bischler angeschlossen, nachdem das Bataillon abgerückt war, ohne ihn zu benachrichtigen.
Als ich Carnatz dann im Lazarett besuchte, fand ich einen gewandelten Mann vor. Er hatte einen Beinschuß, und es war nicht sicher, ob nicht amputiert werden mußte.
»Ich habe eine Menge dazugelernt«, sagte er. »In Berlin hat man offenbar keine Ahnung von der tatsächlichen Lage. Die Russen haben sich fabelhaft gehalten. Ohne sie wäre ich da nicht mehr herausgekommen. Ich werde darüber berichten.«
»Tun Sie das«, sagte ich. »Nur haben alle Berichte bisher kaum etwas bewirkt.«

Als ich Carnatz einige Tage später wieder besuchen wollte, war er nach Deutschland abtransportiert worden, weil sein Bein doch hatte amputiert werden werden müssen.

Illegale Verhaftung von Mitgliedern des NTS

Eines Tages, Mitte November, berichtete mir Samótin aufgeregt, er habe auf der Straße Kandin in Zivil getroffen. Er sei mit den anderen Verhafteten seit gestern in Bobruisk, könne sich jedoch frei bewegen; er habe mit ihm am Abend ein Treffen verabredet.

Kandin war in Brjansk Major des OD gewesen. Kurz vor dem Rückzug zum Dnjepr wurde ich von Russen alarmiert, es seien neun Personen, die in der Selbstverwaltung und im OD tätig gewesen seien, verhaftet worden. Ich kannte sie alle. Es waren erstklassige Leute. Beim SD und beim Korück, wo ich sofort anrief, wußte man von nichts. Schließlich rief ich beim Stadtkommandanten, Generalmajor Hamann, an und erfuhr, daß ein Abwehroffizier der Heeresgruppe Mitte Unterlagen vorgelegt habe, wonach diese Leute politisch unzuverlässig seien. Darauf habe er die Genehmigung zur Verhaftung erteilt. Auf meinen Einwand, daß diese Leute Korück unterstellt seien und ohne Genehmigung des Generals Bernhard nicht verhaftet werden könnten, erklärte Hamann brüsk, die Unterlagen seien einwandfrei gewesen und es sei ohnedies nichts mehr zu ändern, sie seien bereits abgefahren. Ein Anruf beim Bahnhofskommandanten bestätigte diese Angabe. Rückfragen bei der Heeresgruppe Mitte waren erfolglos. Auch dort wußte man nichts von dieser Sache. Der Rückzug unterbrach dann weitere

Nachforschungen. Und nun waren die Gefangenen plötzlich in Bobruisk aufgetaucht.
Über Seebach erwirkte ich die Genehmigung, sie vorerst zu mir zu nehmen, um den Sachverhalt zu klären.
Samótin hatte ich beauftragt, Kandin zu sagen, er möge unauffällig mit den anderen am Abend zu mir kommen.
Da standen sie dann vor mir. Abgemagert, elend, die Haare kurz geschnitten, in schäbigen Zivilanzügen. Der Arzt Makarowski war sogar mit seiner jungen Verlobten verhaftet worden.
Sie berichteten, daß sie kurzerhand und ohne die Möglichkeit, sich mit Korück in Verbindung zu setzen, verhaftet worden seien. Dann wären sie wochenlang unter unwürdigsten Verhältnissen im SD-Gefängnis in Shlobin gefangengehalten worden. Gestern habe man sie dann nach Bobruisk transportiert. Der Grund ihrer Verhaftung sei ihnen bis heute nicht bekannt.
Ich berichtete General Bernhard und erhielt den Befehl, die Leute zu vernehmen und einen ausführlichen Bericht einzureichen.
Bei der Vernehmung stellte sich heraus, daß alle Mitglieder des NTS waren, was ich nicht gewußt hatte.
Der NTS – Nationálno Trudowój Sojús – war eine Organisation der jungen weißrussischen Emigranten, die sich in der Erkenntnis zusammengeschlossen hatten, daß man die Masse der Bevölkerung Rußlands mit der Wiederherstellung der Monarchie und des Großgrundbesitzes nicht locken könne, daß vielmehr neue Ideen im Kampf gegen den Kommunismus verwendet werden müßten. Der NTS war straff organisiert und setzte seine Mitglieder sofort nach Beginn des Rußlandfeldzuges in den besetzten Gebieten ein. Sie wurden ohne Wissen der deutschen Führung, die

einen Einsatz von Weißrussen im Osten untersagt hatte, eingeschleust, um unter der Bevölkerung und den Gefangenen neue Mitglieder zu werben, die Organisation der Selbstverwaltungen und Milizen zu fördern und Erkenntnisse über die Möglichkeiten eines Volksaufstandes gegen das kommunistische System zu sammeln. Da der NTS sehr früh über die wahren Ziele der Hitlerschen Ostpolitik informiert war, lehnte er den Nationalsozialismus ab, arbeitete jedoch mit den Deutschen zusammen, weil ohne deren Hilfe ein Ende der Sowjetherrschaft undenkbar schien. Ihrer Ansicht nach konnten aber auch die Deutschen ohne Mithilfe der russischen Bevölkerung nicht auskommen, so daß schließlich ein Verzicht auf Eroberungs- und Kolonialpläne erzwungen werden konnte. Diese ›Dritte Kraft‹ zu stärken betrachtete der NTS daher als seine Hauptaufgabe. Zwar gab es keine offizielle Zusammenarbeit des NTS mit deutschen Behörden, wohl aber arbeiteten viele seiner Mitglieder als Einzelpersonen in verschiedenen Dienststellen, um ihre Ziele besser verfolgen zu können; so im Propagandaministerium, im Wirtschaftsministerium, in der Propagandaabteilung des OKW und vor allem im Ostministerium, wohin sie von Leibbrandt, dem Leiter der Abteilung Politik, und von Knüpfer, dem Leiter der Ausbildungslager, geholt worden waren. Im Gegensatz zu Leibbrandt, der die Rosenbergsche Politik unterstützte, lehnte Knüpfer die Konzeption Hitlers und Rosenbergs ab und ließ den NTS-Mitgliedern bewußt freie Hand. In den Ausbildungslagern, in denen ständig mehrere Tausend russische Überläufer und Gefangene zusammengezogen wurden, um für den Einsatz in den besetzten Gebieten, für Verwaltung, Propaganda, aber auch für Sicherungsaufgaben geschult zu werden, ergaben sich ideale Möglichkeiten im Sinne des NTS. Es konnten nicht nur geeignete Leute aus den Gefangenenlagern ausgewählt und geschult werden, es gab auch die Möglichkeit, sie in den besetzten Gebieten einzuarbeiten und dabei Kontakte zu den Einwohnern aufzunehmen und für die Organisation zu werben. Da der NTS die einzige russische Organisation war, die sich aktiv während des Ostfeldzuges einsetzte, hatte sie großen Zulauf. Die marxistisch geschulten Russen wußten, daß sowohl gegen Stalin als auch gegen die Deutschen nur mit einer Organisation etwas erreicht werden konnte.

In meinem Vernehmungsbericht betonte ich, daß diese Leute überzeugte Gegner des Stalinregimes seien, daß sie aber verständlicherweise mit Sorge beobachteten, daß die deutsche Führung bis heute nichts über ihre politischen Ziele bekanntgegeben hatte. Trotzdem hätten sie gute Arbeit geleistet, und ein Überlaufen zu den Sowjets sei ausgeschlossen. Ich empfahl, sie weiter in der Selbstverwaltung und im Ordnungsdienst arbeiten zu lassen.

Während ich noch mit den Vernehmungen beschäftigt war, erschien ein Abwehroffizier der Heeresgruppe Mitte namens von Hartmann und verlangte aufgebracht die sofortige Rückgabe seiner Gefangenen. Ich verwies auf den Befehl des Generals, der darüber entscheiden werde. Ich übrigen habe er diese Leute ohne Benachrichtigung des Korück verschleppt. Es seien überprüfte, wertvolle Mitarbeiter.

Von Hartmann sagte, das werde Konsequenzen haben und verschwand.

Nach Prüfung der Vernehmungsberichte befahl der General, alle wieder in ihre früheren Positionen einzusetzen.

Ich ahnte damals nicht, daß sich inzwischen schon das Unheil über dem NTS zusammenbraute. Im Juni 1944 wurden in Breslau und Berlin neunzig führende Leute des NTS verhaftet. Erst Anfang 1945, als die Befreiungsbewegung des Generals Wlassow schließlich genehmigt worden war, wurden sie entlassen. Von insgesamt hundertfünfzig verhafteten NTS-Leuten waren sechsundfünfzig umgekommen.

Das entführte Mädchen

Am nächsten Tag rief mich Seebach an: »Bischler-Leute haben in Ossipówitschi auf offener Straße ein Mädchen entführt. Der Bürgermeister hat sich beschwert. Fahren Sie hin und bringen Sie das Mädchen zurück. Machen Sie Bischler klar, daß solche Übergriffe in Zukunft ernste Folgen haben werden.«

Bischler und seinen Leuten war der Raum um die Dörfer Wislotsch und Tatárka zugewiesen worden. Zugleich wurde Bischler als Kommandeur seines OD bestätigt und erhielt damit eine militärische Aufgabe. Die Zuneigung und Autorität, die er genoß, sollten genutzt werden. Er übernahm die Sicherung eines Teiles der Bahnlinie und begann, die Partisanen auch hier mit seinen Methoden zu bekämpfen. Bald herrschte er in seinem Gebiet wie ein Potentat. Seine Leute nannten sich stolz ›Bischlerówzy‹.

Ich nahm Pogóshew mit. Als wir in Wislotsch ankamen, hatte Bischler einen großen Empfang organisiert. Eine Ehrenkompanie war angetreten, und ein Soldatenchor sang ein Begrüßungslied. Die Einheit war inzwischen in deutsche Uniformen eingekleidet worden. Die Offiziere trugen Phantasieschulterstücke.

»Er scheint ein schlechtes Gewissen zu haben«, sagte Pogóshew.

Doch wir sollten noch andere Überraschungen erleben. Zunächst bat Bischler zu einem Begrüßungsschnaps. Am reich gedeckten Tisch waren alle Offiziere der Einheit versammelt.

Ich bedankte mich noch einmal höflich, daß Bischler Carnatz in Kletnja geholfen hatte.

»War doch selbstverständlich«, wehrte Bischler mit großer Gebärde ab, »da uns dieser famose Kommandant im Stich gelassen hatte.«

Nachdem er kurz über die Partisanenlage in seinem Gebiet berichtet hatte, kam ich zur Sache und fragte nach dem entführten Mädchen.

»Endlich ist die Katze aus dem Sack!« Bischler lachte sein dröhnendes Lachen. »Dachte ich mir doch, daß Major von Seebach Ihren Besuch nicht ganz ohne Grund angemeldet hat. Schade, daß der General nicht mitgekommen ist. Ich kann Sie beruhigen. Es ist alles in Ordnung. Sehen Sie, ich habe es nicht gern, wenn meine Offiziere nicht verheiratet sind. Sie neigen dann zu Unfug. Besonders der Leutnant Panassénko hatte eine Frau nötig, er sitzt Ihnen gegenüber. Wie Sie sehen, ein netter Kerl. Und da sich hier kein passendes Mädchen fand, schickte ich ein Kommando nach Ossipówitschi, um dort eines zu holen. Natürlich nicht mit Gewalt. Doch das Unglück oder Glück wollte es, daß Panassénko auf der Straße ein Mädchen sah, für das er sofort in Liebe entbrannte. So nahm er sie gleich mit. Aus Kletnja ist auch ein Priester mitgekommen. Der hat sie getraut. Sie sehen, es hat alles seine Richtigkeit, sie sind ein glückliches Paar.«

»Sie werden mir doch nicht weismachen wollen, daß das Mädchen freiwillig mitgekommen ist!« entgegnete ich.

»Das nicht gerade, aber man muß dem Glück zuweilen

etwas nachhelfen. Hauptsache, sie sind jetzt glücklich. Hol sie her, Panassénko! Sie soll selbst berichten.«
Kurz darauf erschien der Leutnant Panassénko mit einem ungewöhnlich hübschen Mädchen, das errötend berichtet:
»Natürlich war ich erschrocken und empört, als sie mich hierher verschleppten, und ich wollte nichts wissen von einer Heirat mit einem Mann, den ich nicht kannte. Aber der Kommandant drohte, mich erschießen zu lassen, wenn ich den Leutnant nicht heirate. Da habe ich eingewilligt. Was sollte ich machen?«
»Sie wollen also nach Hause zurück?« fragte ich.
»Nein«, erwiderte sie zu meiner Überraschung und errötete noch tiefer. »Jetzt liebe ich den Leutnant und möchte bei ihm bleiben.«
»Na sehen Sie!« dröhnte Bischler. »Und nicht nur das, sie hat sogar schon neben ihrem Mann gegen die Partisanen gekämpft.«
»Tja«, sagte ich verblüfft, »gegen ihren Willen kann ich sie nicht nach Ossipówitschi bringen. Ich werde dem General berichten. Würden Sie aber die Güte haben, in Zukunft solche Aktionen zu unterlassen. Es könnte sehr üble Folgen haben.«
»Neue Aktionen sind auch nicht nötig«, lachte Bischler ungerührt. »Alle Offiziere sind verheiratet.«
Es wurde noch ein feuchtfröhlicher Nachmittag, ehe es uns gelang, uns zu verabschieden.
Als wir nach Hause fuhren, sagte Pogóshew nachdenklich:
»Erstaunlich, wie dieser Bischler seine Leute in der Hand hat. Er weiß instinktiv, wie man Russen behandeln muß.«
»Und dabei war er in Deutschland ein kleiner Angestellter«, ergänzte ich. »Seltsam, welche Fähigkeiten manche Menschen in Ausnahmesituationen entwickeln.«

Die Russische Nationale Volksarmee (RNNA)

Eines Tages traf ich auf der Straße einen alten Bekannten aus Rigaer Tagen, Klaus Boehm. Er berichtete, daß er als Sonderführer bei der Feldkommandantur Staryje Dorogi, ca. 60 km westlich Bobruisk, tätig sei, sich dort aber nicht wohl fühle. Der Korück war neu in diesem Gebiet, und es wäre günstig gewesen, jemanden zu haben, der die Verhältnisse und vor allem die russischen Freiwilligeneinheiten kannte. Deshalb empfahl ich Seebach, ihn anzufordern. Er wurde zu Korück kommandiert und erhielt den Auftrag, die russischen Einheiten zu inspizieren und den Kontakt zu Korück aufrechtzuerhalten.
Durch Boehm erfuhr ich, daß sich in der Zitadelle von Bobruisk das Ausbildungszentrum für das Ost-Ersatz-Regiment Mitte für die Ostbataillone Djesná, Dnjepr, Beresina und Wolga befand. Ich stellte den Kontakt zu Offizieren dieser Bataillone her, lud auch einige zu mir ein und erfuhr so aus erster Hand die Geschichte der RNNA, aus der die Bataillone hervorgegangen waren.
Diese Geschichte ist lehrreich, weil sie die Absurdität der nationalsozialistischen Ostpolitik besonders deutlich aufzeigt.
Entstehung und Haltung der RNNA waren ein typisches Beispiel für die Stimmung der Russen während der ersten Phase des Ostfeldzuges. Damals bedurfte es nur einer Initiative, um ihre Bereitschaft zum Kampf für die Befreiung vom Sowjetregime zu aktivieren.
Die Anregung, den ›Versuchsverband Mitte‹ zu bilden, wie die Einheit zunächst genannt wurde, ging von dem Emigranten Sergei Iwanów aus, der über gute Verbindungen zu

Partei- und Wehrmachtstellen verfügte und dort die Aufstellung einer russischen Befreiungsarmee propagierte. Erfolg hatte er allerdings nur beim Nachrichtendienst der Wehrmacht, der mehr Bewegungsfreiheit hatte als andere Dienststellen. Admiral Canaris sah die Möglichkeit, eine Einheit zu schaffen, die als Reservoir für Kommandounternehmen jenseits der Front getarnt wurde und vielleicht später den Kern einer russischen Befreiungsarmee bilden konnte.

Iwanów warb zwei weitere Emigranten für das Unternehmen: Igor Sácharow, Sohn eines zaristischen Generals, und Konstantin Kromiadi, früher Oberst im Zarenheer.

Anfang März 1942 wurde mit der Aufstellung der Einheit begonnen. Die militärische Führung übernahm Kromiadi.

Standort wurde das frühere Torfwerk Ossintorf an der Bahnlinie Orscha–Smolensk, dessen Wohnbaracken 10000 Mann Unterkunft boten.

Die Einheit wurde nach russischem Reglement ausgebildet. Die Sowjetuniformen wurden beibehalten, jedoch mit Schulterstücken, die es damals in der Roten Armee noch nicht gab, und Kokarden in den alten russischen National-Farben Weiß-Blau-Rot.

Die Russen waren überzeugt, daß es sich hier um den Beginn der Organisation einer Befreiungsarmee handelte, und nannten den Verband ›Russische Nationale Volksarmee‹, abgekürzt RNNA (Russkaja Nationalnaja Narodnaja Armija).

Im Juli 1942 hatte die RNNA bereits eine Stärke von 3000 und Ende des Jahres rund 7000 Mann erreicht. Der Zentralstab hatte die Stärke eines Divisionsstabes. Es war geplant, die Bataillone zu Regimentern zu erweitern. Die Propaganda wurde im nationalen russischen Sinne geführt. Soldaten und Offiziere wurden in Kriegsgefangenenlagern ausgewählt. Zu ihnen gehörten hervorragende Stabsoffiziere, von denen sieben im Rang eines Obersten als Regimentskommandeure oder in Divisions- und Armeestäben gestanden hatten.

Wie fast überall, wo Russen ihre Meinungen frei austauschen konnten und eine reale Chance für einen Kampf gegen das Stalin-Regime zu erkennen glaubten, wurden sie bald überzeugte Mitkämpfer der Befreiungsbewegung.

Einen Schock bedeutete der Befehl, daß alle alten Emigranten das besetzte Gebiet zu verlassen hatten. Davon war auch der sehr beliebte Oberst Kromiadi betroffen.

An Stelle Kromiadis sollten nun der Oberst Bojarski und ein früherer hoher Parteifunktionär, Shilkenków, das Kommando übernehmen. Shilenków hatte nur überlebt, weil er das Glück hatte, ins Offizierslager der Abteilung Fremde Heere Ost zu kommen. Hier traf er neben Bojarski noch andere hohe Sowjetoffiziere. »Es klingt paradox«, hatte er gesagt, »aber in der Gefangenschaft habe ich mich zum ersten Mal als freier Mensch gefühlt. Ich, ein hoher Parteimann. Was erst mußten die einfachen Menschen empfinden! Und was sie empfinden, habe ich in den Tagen und Monaten erfahren, als ich durch die Wälder streifte. Zum ersten Mal konnten wir frei reden. Behandelt uns anständig«, hatte er hinzugefügt, »als gleichberechtigte Freunde und Verbündete, dann habt ihr uns, dann habt ihr mich, dann habt ihr den größten Teil der Generalität und den halben Parteiapparat.«

Shilenków wurde später einer der engsten Mitarbeiter Wlassows. Mit ihm zusammen wurde er nach dem Kriege von Stalin zum Tode verurteilt und hingerichtet.

Bojarski und Shilenków sandten an verschiedene Dienststellen Memoranden, in denen sie offen darauf hinwiesen, daß die Probleme des Ostens mit Waffengewalt allein nicht zu lösen seien. Deutschland sollte die Eingliederung eines selbständigen Rußlands in eine europäische Neuordnung als Kriegsziel proklamieren. Ferner sollten eine Gegenregierung anerkannt und eine russische Volksarmee aufgestellt und an der Ostfront eingesetzt werden.

Anfang Dezember war der Verband einsatzbereit. Da an der Front Ersatz dringend benötigt wurde, schlug Oberst von Tresckow, Ia[1] der Heeresgruppe Mitte, dem Generalfeldmarschall von Kluge den Fronteinsatz vor. Kluge inspizierte die Einheit. Trotzdem die Besichtigung positiv ausfiel, befahl Kluge, als sei das selbstverständlich, Aufteilung des Verbandes in Bataillonsstärke auf deutsche Einheiten und Einkleidung in deutsche Uniformen. Alle Vorstellungen Tresckows, daß schwerste psychologische Erschütterungen zu erwarten seien, nützten nichts. Kluge kannte die Einstellung Hitlers und wollte nichts riskieren.

Bojarski und Shilenków waren empört. Sie machten geltend, die RNNA sei Teil einer künftigen russischen Befreiungsarmee und werde nur als Teil einer solchen kämpfen. Sie betrachte ihr Verhältnis zur deutschen Armee nur als das eines Verbündeten.

Das war nach deutschen Begriffen Meuterei. Kluge ließ unter schroffer Umgehung Tresckows Bojarski und Shilenków ein Ultimatum zugehen, sie sollten entweder den Befehl befolgen oder mit Kriegsgericht und Entwaffnung der Einheit rechnen. Nun schaltete sich Tresckow ein und machte klar, welche Folgen eine Ablehnung des Befehls für das erstrebte Ziel haben müßte, wie sehr ein solcher Vorfall

---

[1] 1. Generalstabsoffizier

von den Gegnern einer vernünftigen Ostpolitik ausgeschlachtet werden würde und versprach, er werde sich persönlich weiter um die Einheit kümmern. Bojarski und Shilenkow sollten zum Stabe Wlassows nach Berlin versetzt werden, um aus der Schußlinie zu kommen.

Darauf gaben sie ihren Widerstand auf und verließen die RNNA.

Die Lage war jedoch äußerst gespannt und die Stimmung bedrohlich. Als der Befehl zur Aufteilung und Einkleidung in deutsche Uniformen erging, zogen in derselben Nacht 300 Mann zu den Partisanen. Die anderen aber blieben und wurden im Raum Bobruisk-Mogiléw für Sicherungsaufgaben und zur Partisanenbekämpfung eingesetzt.

So war der erste Versuch zur Bildung einer nationalen russischen Befreiungsbewegung dank der Kurzsichtigkeit und Überheblichkeit der deutschen Führung gescheitert.

In meinen Gesprächen mit den Offizieren der Bataillone stellte ich fest, daß ihre feindliche Einstellung zum Stalinregime ungebrochen war, daß aber der Glaube an eine Einsicht der deutschen Führung immer mehr schwand.

Wir sprachen sehr offen miteinander. Sie hofften, daß die deutsche Führung schließlich doch gezwungen sein werde, eine russische Befreiungsarmee aufzustellen. Eine solche Armee und eine verhandlungsfähige Repräsentation der Befreiungsarmee konnten den Westmächten klarmachen, daß nicht Vaterlandsverräter am Werk waren, sondern politische Kämpfer gegen ein vom Volk nie bestätigtes Regime. Sie glaubten, daß nach der Niederlage der Deutschen ein Konflikt mit Stalin unausweichlich war. Dann würde dieses Potential von Kennern der Sowjetunion für die Westmächte von großem Wert sein. Daß sie jedoch

auf brutale Weise an ihren Henker Stalin ausgeliefert werden würden, konnten sie sich nicht vorstellen.[1]
Den Bemühungen Boehms war es zu verdanken, daß insgesamt neun Bataillone rechtzeitig während des Rückzuges herausgelöst und über Arys in Ostpreußen zur 1. Wlassow-Division geschleust wurden.

Anfangserfolge – Der Stadtkommandant Generalmajor Hamann

Da Grünbaum und Carnatz ausgefallen waren, hatte ich weitere Sonderführer angefordert. Es kamen zwei Balten, Hess und Garten, die ich in Ossipówitschi und Marina Gorka an der Bahnlinie nach Minsk einsetzte.
Die vorhandenen Unterlagen der Ortskommandantur über Standort und Stärke der Partisanen, die wir vorfanden, waren völlig unzureichend. Außerdem war mit Sicherheit anzunehmen, daß es in den Orten entlang der Bahnlinie Geheimsender gab, die Meldung über unsere Transporte machten.
Obwohl das eigentlich Sache der Abwehr und des SD war, beauftragte mich Seebach, meine V-Leute einzusetzen.
Ich wandte meine bewährte Methode an und schickte V-Leute mit Partisanenausweisen in die Dörfer am Rande der Waldgebiete, durch die die Agenten der Partisanen kommen mußten. Durch unauffällige Beschattung dieser

[1] Über die russische Befreiungsbewegung vgl.: Steenberg: »Wlassow – Verräter oder Patriot«, Verlag Wissenschaft und Politik, und Taschenbuch im Moewig-Verlag.

Agenten gelang es bald, die Anlaufstellen festzustellen. Schon nach wenigen Wochen konnten wir zwei Geheimsender in Ossipówitschi und Bobruisk ausheben. Nach Vernehmung des Rahmenpersonals gab ich die Sender mit den dazugehörigen Funkerinnen an die Abwehr II weiter, die meist ausgedehnte ›Funkspiele‹ mit frisierten Nachrichten durchführte, um ihre Existenzberechtigung nachzuweisen, obwohl die Partisanen bald über die Aushebung ihrer Sender informiert waren. Anschließend, das hatte ich zur Bedingung gemacht, wurden mir die Funkerinnen zurückgegeben. Ich wollte vermeiden, daß sie stillschweigend liquidiert wurden.

Mir fehlte nun noch ein Sonderführer für die Außenstelle Gluscha. Beim Stadtkommandanten Hamann traf ich den Sonderführer von Schoepf, der mich dringend bat, ihn dort loszueisen. Hamann war ein feister, primitiver Nur-Soldat ohne jeden politischen Instinkt, der sich im alten Hunderttausend-Mann-Heer vom Feldwebel zum Generalmajor hochgedient hatte. Schoepf litt unter seiner Primitivität, zumal er meist an dessen abendlichen Trinkgelagen teilnehmen mußte. Ich bat Seebach, ihn für mich anzufordern, was dann auch mit Hilfe des Generals Bernhard geschah.

Neben meiner normalen Arbeit mußte ich mich in zunehmendem Maße mit Dingen befassen, die mich im Grunde nichts angingen. Oft waren es Fehlleistungen Hamanns.

Ein besonderes Vertrauensverhältnis hatte sich zwischen mir und dem Bürgermeister Krupénja entwickelt, einem vorzüglichen, energischen Mann, der viel zur Verbesserung der Lage seiner Mitbürger beitrug. Sein Intimfeind war Hamann, von dem er behauptete, daß er mit seinen unsinnigen Maßnahmen den Sowjéts direkt in die Hände arbeite.

Eines Tages berichtete er mir, daß Hamann eine russische

Krankenschwester, die ein Jahr lang aufopfernd in einem deutschen Lazarett gearbeitet hatte, zu vier Monaten Gefängnis verurteilt hatte, weil sie sich, da sie kein Gehalt bekam, aus einem alten Laken etwas Wäsche genäht hatte. Das sei ›Diebstahl an Heeresgut‹. Über General Bernhard erreichte ich ihre Freilassung.

Dann mußte ich meinen Fahrer Krause aus dem Stadtgefängnis holen, weil Hamann ihn zu zwei Wochen Arrest verdonnert hatte. Eine Streife hatte ihn in der Nacht bei einer Russin erwischt, was Hamann verboten hatte, obwohl natürlich viele Deutsche russische Freundinnen hatten. Ich bekam ihn nur heraus, weil ich behauptete, daß Krause bei der Russin »aus abwehrmäßigen Gründen« übernachtet hätte.

Ein anderes Mal wurde einer meiner V-Leute mit einem Partisanenausweis von der Gendarmerie verhaftet und von Hamann eingesperrt, obwohl er sich auf mich berief.

Seine spektakulärste politische Dummheit leistete sich Hamann jedoch, als er aus heiterem Himmel im Kino, vor der Kirche und auf den Straßen wahllos arbeitsfähige Russen aufgreifen ließ, die am nächsten Tage zu Schanzarbeiten an einer neu zu bauenden ›Auffanglinie‹ eingesetzt werden sollten. Darunter waren zwei meiner V-Leute.

Nach Rücksprache mit dem Bürgermeister ging ich noch am Abend zu Seebach und übergab ihm einen schriftlichen Vorschlag für den General, wonach der Bürgermeister, um Zwangsmaßnahmen zu vermeiden, zweihundert Freiwillige stellen würde, die nach zwei Wochen von anderen abgelöst werden sollten. Vertreter der Bürger sollten mitfahren, um sich an Ort und Stelle über die Arbeitsbedingungen zu informieren und darüber zu Hause zu berichten. Dadurch sollte die Hauptangst der Leute beseitigt werden, die Re-

krutierten könnten auf Nimmerwiedersehen verschwinden, wie das einige Male schon geschehen war.
Dieser Vorschlag wurde vom General genehmigt, und von da ab ging alles glatt.

Die Rede Himmlers

Im November erhielt ich einen Brief Roennes, dem er Auszüge aus einer Rede Himmlers vom Oktober beigelegt hatte. Ich gab ihn Seebach.
»Die Wehrmacht hat sehr große Hoffnungen auf diesen General Wlassow gesetzt ... wir können nach außen hin Propaganda machen, wie wir wollen ... Jedes Mittel, daß diese wilden Völker uns zu Diensten bringt und dazu führt, daß ein Russe stirbt statt eines Deutschen, ist recht. Es ist vor Gott und vor den Menschen recht und zu verantworten.
Es ist aber eines geschehen: Herr Wlassow hat mit der Überheblichkeit, die dem Russen, dem Slaven eigen ist, zu erzählen begonnen. Er hat erzählt: Rußland kann nur von Russen besiegt werden. Sehen Sie, meine Herren, dieser Satz ist lebensgefährlich! Das Morgen-, Mittag- und Abendgebet der deutschen Armee muß sein: Wir sind jedem Feind auf dieser Welt überlegen. Wenn dann so ein Russe kommt, so ein hergelaufener, vorgestern vielleicht noch Schlächtergeselle und gestern von Stalin zum General gemacht –, der mit der Überheblichkeit des Slaven Vorträge hält und den Satz einschiebt, daß Rußland nur von Russen besiegt werden kann, dann muß ich schon etwas sagen: Allein dieser Satz zeigt ja schon, was für ein Schwein dieser Mann ist ...

Alles, was wir jetzt während des kommenden Winters werden erleiden müssen, während dessen wir sicherlich weitere zwei oder drei Millionen Russen werden erschlagen und abschlachten müssen, alle diese Dinge sind nur vorübergehende Phasen ... Für uns bedeutet das Ende dieses Krieges den freien Weg nach Osten, die Schaffung eines germanischen Reiches ... Das bedeutet, daß wir unsere Volkstumsgrenzen um fünfhundert Kilometer nach Osten hinausschieben. Das bedeutet die wunderbare Zukunft, an die wir denken wollen.«
Seebach warf das Blatt auf den Tisch. »Ein Verrückter!«

Sonderkommando Steenberg

Um den Russen meines Kommandos zu zeigen, daß ihr Einsatz und ihre Verdienste auch an höherer Stelle anerkannt wurden, schlug ich vor, das zweijährige Bestehen des Kommandos in größerem Rahmen zu feiern, wobei auch Auszeichnungen verliehen werden sollten. Es war von der Führung eine Tapferkeitsauszeichnung für die Ostvölker gestiftet worden, die in drei Klassen, in Gold, Silber und Bronze, verliehen wurde.
Die Feier fand im Saal der Stadtverwaltung statt. An ihr nahmen auch russische Vertreter der Stadtverwaltung mit ihren Frauen teil.
Als Vertreter des Stabes Korück war Seebach anwesend, als Vertreter des Armeestabes Oberstleutnant Lange, der auch die Ordensverleihung vornehmen sollte.
Ich eröffnete die Feier mit einer Ansprache in russischer Sprache, in der ich die Russen des Kommandos als Patrioten

bezeichnete, die einen wichtigen Beitrag im gemeinsamen Kampf gegen den Kommunismus und um die Befreiung ihres Vaterlandes vom Terrorregime Stalins leisteten.
Dann würdigte auch Oberstleutnant Lange ihre Verdienste und nahm die Ordensverleihung vor.
Im Anschluß an die offizielle Feier lud ich die Vertreter der Stadtverwaltung und die deutschen Offiziere zu einem Imbiß in unser Quartier, wo die Moltschánowa und Irina inzwischen alles vorbereitet hatten.
Lange, Seebach und ich saßen an einem Tisch. An den Nebentischen, wo sich die russischen Verwaltungsbeamten mit ihren Frauen niedergelassen hatten, betreut von Birck und Pogóshew, herrschte bald eine ausgelassene Stimmung.
Lange trank schnell und viel. Wie üblich, renommierte er mit seinen früheren Erfolgen im Nachrichtendienst.
Plötzlich erhob er sich, schon schwankend, und begann zu unserer Überraschung in langen Tiraden eine Lobeshymne auf mich. Was der Führer gewollt und geplant habe, das hätte ich im Armeebereich durchgeführt. Solche Leute brauche man auf dem Weg zum Endsieg. Später werde eine wunderbare Zeit anbrechen, in der man die Früchte aller Mühen und Opfer ernten werde. Er fand kein Ende. Es wurde immer peinlicher, doch obwohl er nur noch lallend sprechen konnte, wagte Seebach nicht, ihn zu unterbrechen.
Die Frauen an den Nebentischen langweilte die Rede offensichtlich, von der sie ohnedies kaum etwas verstanden. Beschwingt vom Alkohol, begannen sie, sich leise zu unterhalten. Ein Kichern hörte auch Lange.
Abrupt unterbrach er sich. Sein Blick wurde bösartig. Von einem Augenblick zum anderen wechselte er den Ton und

griff mich an, den er eben noch in beinahe peinlicher Weise gelobt hatte. »Ihre Verbrüderung mit den Russen geht zu weit! Das kann gefährlich werden und ist im nationalsozialistischen Sinne nicht tragbar! Ich werde Ihren Laden vom SD durchleuchten lassen. Auch auf Ihre persönliche Zuverlässigkeit hin.«

Seebach und ich waren sprachlos über diesen unmotivierten Angriff. Ehe ich etwas sagen konnte, hatte Lange seine Mütze auf den Kopf gestülpt und verließ mit einem lauten Heil Hitler! schwankend den Raum.

»Er ist betrunken«, sagte Seebach. »Vielleicht weiß er morgen nicht mehr, was er gesagt hat.«

»Darauf kann ich mich nicht verlassen«, sagte ich. »Ein Stabsoffizier muß wissen, was er tut. Ich kann diese Anschuldigungen nicht auf sich beruhen lassen. Es gibt doch so etwas wie ein Ehrengericht.«

»Das gibt es. Aber ich glaube, es ist besser, wenn ich ihn morgen anrufe, um festzustellen was er vorhat. Ich werde natürlich auch dem General darüber berichten. Das ganze ist absurd. Er kommt nie damit durch.«

Durch diesen Vorfall war die Stimmung verdorben, alle gingen bald auseinander.

Nachdem ich die Gäste verabschiedet hatte, ging ich zu Irina. Sie war traurig und bedrückt. Sie hatte alles verstanden. »Du wirst Unannehmlichkeiten haben«, sagte sie. »Vielleicht auch meinetwegen. Seit der Sache mit Ljuba haßt er dich.«

Ich beruhigte sie, der General und Seebach würden mich nicht fallen lassen. Doch im Grunde war ich keineswegs sicher, ob ich sie auf die Dauer würde schützen können. Seit langem überlegte ich, wie ich sie aus der Gefahrenzone bringen könnte.

Der Prinz hatte mir die Adresse eines Freundes, eines Professors in Wien, gegeben, der zwei kleine Kinder hatte. »Falls Irina doch weg muß«, hatte er gelächelt, »man kann ja nie wissen.«
Ich beschloß, für alle Fälle nach Wien zu schreiben.
Am nächsten Tag hatte Seebach Lange gefragt, ob ein besonderer Vorfall ihn veranlaßt habe, mich als politisch unzuverlässig zu bezeichnen. Lange schien unsicher und hatte gesagt, daß er das so kraß nicht aufrechterhalten wolle. Aber meine Verbrüderung mit den Russen gehe wirklich zu weit und daß diese Spionin Irina sozusagen frei herumlaufe, sei auch nicht vertretbar.
Seebach hatte zu bedenken gegeben, daß meine Erfolge gerade auf diesem engen Kontakt mit den Russen beruhten, und die Spionin Irina habe durch die Identifizierung eines Agenten wesentlich zur Sicherstellung der Minen in Brjansk beigetragen. Sie könne auch in Zukunft nützlich sein.
Darauf hatte Lange unwillig nachgegeben. Er wußte, daß Seebach auch die Ansicht des Generals vertrat.

Beim Reichssicherheitshauptamt

Nach diesem Zwischenfall erlebte ich wenig später, Anfang Mai 44, eine neue Überraschung. Seebach zeigte mir ein Fernschreiben des Reichssicherheitshauptamtes in Berlin, worin der Armeestab ersucht wurde, den Sonderführer (Z) Sven Steenberg zu einer Besprechung nach Berlin in Marsch zu setzen. Gez. Schellenberg.
Mein erster Gedanke war, daß ich verhaftet werden sollte.

Schließlich hatte ich viele Dinge getan, die den Direktiven der NS-Führung zuwiderliefen.
Seebach beruhigte mich. »So etwas ist einfacher hier zu erledigen. Ich glaube eher, daß man sich für Ihre Berichte interessiert, die vermutlich vom hiesigen SD weitergeleitet worden sind. Schellenberg ist Leiter des Auslandsnachrichtendienstes und ein mächtiger Mann. Jurist, erst Anfang dreißig, eine typische Nazikarriere. Vor kurzem hat er die Abteilung Fremde Heere Ost besucht und dort, wie ich hörte, keinen schlechten Eindruck hinterlassen. Er soll ein Gegner der amtlichen Ostpolitik sein und außerdem Intimfeind des Gestapochefs Müller.«
Seebach sorgte dafür, daß ich diese Fahrt mit einem längst fälligen Urlaub verbinden konnte.
Als ich eine der pompösen Villen des Reichssicherheitshauptamtes in Nikolassee betrat, konnte ich ein Gefühl der Besorgnis doch nicht ganz unterdrücken. Eine attraktive Sekretärin prüfte meinen Marschbefehl und meine Personalpapiere. Dann meldete sie telefonisch meine Ankunft.
»Gruppenführer Schellenberg hat noch eine Besprechung. Er wird Sie in einer Stunde empfangen. Das Kasino ist nebenan. Lassen Sie sich etwas zu trinken geben.«
Ich wartete etwas unruhig, weil ich mir nicht vorstellen konnte, was man von mir wollte. Daß Schellenberg mich persönlich empfing, ließ immerhin auf die Wichtigkeit der Angelegenheit schließen.
Schellenberg war ein schmaler, mittelgroßer Mann mit einem intelligenten, aber eher durchschnittlichen Gesicht. Er machte jedenfalls nicht den Eindruck einer machtvollen Persönlichkeit, wie man sie auf einem solchen Posten erwartet hätte. Er sprach leise, schnell und präzise und kam sofort zur Sache.

»Wir haben Ihre Berichte gelesen. Mich hat besonders der letzte über die antisowjetischen Verbände im Rücken der russischen Front interessiert. Sagt Ihnen die Bezeichnung ›Zeppelin‹ etwas?«

»Nur insofern, als es sich um eine Organisation des SD handelt, die Agenten im russischen Hinterland absetzt, ähnlich der Abwehr II.«

»Die Abwehr II führt Sabotageakte im Feindgebiet durch. Das tun wir auch. Aber wir wollen vor allem politisch zersetzen. Wir hatten große Ausfälle. Es ist nicht leicht, zuverlässige Leute zu finden. Sie leiten seit zwei Jahren ein Sonderkommando mit Russen und haben guten Kontakt zur Bevölkerung. Wir haben die Absicht, im Mittelabschnitt eine Widerstandsbewegung großen Stils gegen das Stalinregime aufzubauen. Man hat mir berichtet, daß Sie der richtige Mann dazu seien. Wir werden Sie in den SD übernehmen. Über Einzelheiten reden wir dann.«

Ich erschrak. Zum SD zu kommen, war das Letzte, was ich anstrebte.

»Ist das ein Befehl?« fragte ich.

»Wieso? Paßt es Ihnen nicht? Sie erhalten bei uns Vollmachten, wie Sie sie sonst nirgends haben können. Reizt Sie das nicht?«

Ich überlegte. Wie offen konnte ich hier reden? Kritik an der Führung war immer gefährlich. Schließlich sagte ich: »Darf ich offen sprechen?«

»Bitte!«

»Eine solche Aktion kann meiner Ansicht nach nur Erfolg haben, wenn unsere Ostpolitik grundlegend geändert wird. Alle Russen, mit denen ich zusammenarbeite, sind Gegner des Regimes und werden das auch bleiben. Doch in dem Moment, wo klar würde, daß wir nicht Befreiung, sondern

Kolonisierung wollen, würden sie auch Feinde Deutschlands werden. Ohne Klarlegung der politischen Ziele von oberster Stelle wäre deshalb jede Aktion im angedeuteten Sinne zum Scheitern verurteilt.«

Schellenberg musterte mich einige Sekunden, wie mir schien, abwägend. Dann lächelte er flüchtig. »Ich teile Ihre Ansicht. Es sind Bestrebungen im Gange, solche Änderungen durchzusetzen.« Er erhob sich und reichte mir die Hand. »Ich werde Sie in Kürze anfordern lassen. Heil Hitler!«

Die Audienz war beendet. Daß ich noch Einwände haben könnte, kam ihm offenbar nicht in den Sinn. Ich beließ es dabei und hoffte, daß die Armee Vorwände finden würde, meine Kommandierung zu verzögern, bis alles das ohnehin keinen Sinn mehr haben würde.

Oberstleutnant Lange schlägt zu

Als ich in Bobruisk eintraf, fand ich meine Leute in Panikstimmung. Lange hatte befohlen, mich als Dolmetscher in ein Baubataillon zu versetzen. Das Kommando sollte aufgelöst, die V-Leute sollten dem SD übergeben werden.

Mit einer Intrige Langes hatte ich seit langem gerechnet, daß er jedoch so brutal und ohne Rücksicht auf die Folgen vorgehen würde, hatte ich nicht erwartet.

Während ich mit Birck und Pogóshew beriet, was zu tun sei, rief ein Hauptmann Gebauer von der Abwehr an, mit dem ich zuweilen zu tun hatte und fragte, warum mich der Oberstleutnant absägen wolle. Er habe ihm gesagt, daß ich ihn nicht vor der Tänzerin Soja gewarnt hätte, die nach

Ansicht des SD partisanenverdächtig sei. Aber das könne doch nicht der Grund für eine solche Entscheidung sein.

»Natürlich nicht«, sagte ich. »Nur der willkommene Anlaß. Außerdem ist die Beschuldigung nicht stichhaltig. Partisanen haben bei einer Freundin Sojas, die am Waldrand wohnt, eine Übernachtung erzwungen. Sie hat das am nächsten Tag korrekt gemeldet.«

»Tja«, sagte Gebauer. »Der Befehl liegt vor. Tut mir leid.«

»Lange hat der Soja ganz schön zugesetzt und sich eine Abfuhr geholt«, berichtete Krause, der das Gespräch mitgehört hatte. »Ein Feldwebel der Gendarmerie hat es mir erzählt. Er wohnt neben Soja.«

»Lange war bei Soja? Und das sagen Sie erst jetzt? Holen Sie sofort den Feldwebel!« Ich atmete auf. Hier sah ich eine Chance.

Der Feldwebel berichtete:

»Ich stand zufällig am Fenster, als der Oberstleutnant angefahren kam. Er schickte den Fahrer fort und ging zu Soja hinauf. Die Wand ist dünn; ich konnte alles hören. Der Oberstleutnant war offenbar angetrunken. Er redete laut und brüstete sich mit der Macht, die er habe. Er werde ihr ein Haus schenken. Sie könne alles von ihm haben, wenn sie seine Freundin würde. Soja schien nicht begeistert. Kein Wunder. Sie liebt ihren Tanzpartner. Sie spricht nicht gut deutsch und tat so, als verstehe sie nicht. Doch Lange ließ nicht locker und versuchte offenbar zärtlich zu werden. Sie sagte, sie fühle sich nicht wohl, er verstehe doch. Damit schien er sich zufrieden zu geben. Dann fragte er, ob sie den Sonderführer Steenberg kenne. Ja, sagte sie, er hat mich vernommen. Bei meiner Freundin haben Partisanen übernachtet. Wir haben das gemeldet. Dann sagte er: Du kannst mir einen Gefallen tun. In Steenbergs Einheit ist eine Russin

Irina, eine gefangene Spionin. Versuch herauszubekommen, ob er ein Verhältnis mit ihr hat. Russinnen erzählen sich doch alles. Soja fragte, ob das so wichtig sei. Viele Deutsche hätten doch russische Freundinnen. Das sei doch nichts Besonderes. So, fragte er, wer zum Beispiel? Das wisse sie nicht, sagte Soja, aber das sei doch allgemein bekannt. So ungefähr war das Gespräch. Es ging noch längere Zeit hin und her. Ich war müde und bin dann eingeschlafen. Wann er weggegangen ist, weiß ich nicht.«

»Ein tolles Stück!« sagte ich erleichtert. »Sie haben mir einen großen Dienst erwiesen. Ich danke Ihnen!«

Als der Feldwebel gegangen war, ließ ich durch Krause Soja holen. Wenn sie das alles bestätigte, würde nicht *ich* gehen müssen.

Soja war eine bildhübsche Tänzerin. Ihre Vorführungen waren eine kleine Sensation. Das Bobruisker russische Theater wurde auch von deutschen Wehrmachtsangehörigen besucht. Jeder kannte sie.

Soja bestätigte dann bereitwillig den Bericht des Feldwebels. Zum Schluß erklärte sie: »Ich hatte Angst. Immerhin ist er ein hoher Offizier mit viel Macht. Gott sei Dank ist er nicht mehr gekommen!«

Mir war klar, daß dieses Mädchen in akuter Lebensgefahr schwebte. Lange mußte alles daran liegen, diese Augenzeugin zu beseitigen. Ein Wink an den SD, sie als partisanenverdächtig zu liquidieren, konnte genügen. Deshalb schlug ich vor, daß sie die nächsten Tage bei uns wohnen sollte. Soja sah mich an. Mit den geschärften Sinnen, die jeder Sowjétmensch für Gefahren hat, verstand sie sofort. Ich befahl Krause, mit ihr zusammen ihre Sachen zu holen.

Als sie gegangen war, meldete ich mich telefonisch bei Lange an. Er empfing mich kalt und reserviert. Er sah mich nicht an. »Sie wollten mich noch sprechen?« sagte er.

»Sie haben Befehl gegeben, das Kommando aufzulösen. Darf ich den Grund wissen?«

»Sie haben es versäumt, mich vor der Tänzerin Soja zu warnen. Nach der Aufführung zeichnete ich sie aus und ließ sie neben mir sitzen. Dann erfuhr ich, daß sie partisanenverdächtig sei. Sie haben sie vernommen. Es wäre Ihre Pflicht gewesen, mich zu informieren. Dadurch bin ich eine unmögliche Lage gekommen. Als Abwehroffizier kann ich mir so etwas nicht leisten.«

»Gegen Soja liegt nichts anderes vor, als daß Partisanen bei ihrer Freundin Unterkunft erzwungen haben, was sie am nächsten Tag pflichtgemäß gemeldet hat.«

»Sie soll einen deutschen Freund haben? Wissen Sie etwas davon?«

»Soweit ich informiert bin, ist sie mit ihrem Tanzpartner befreundet.«

Lange streifte mich mit einem verschlagenen Blick. »General Hamann hat mit Recht alle intimen Kontakte zu Russinnen verboten. Da muß viel energischer durchgegriffen werden. Wie ich hörte, sollen hier viele Deutsche russische Freundinnen haben.«

Ich sah Lange ruhig an und sagte nach einer Pause gelassen: »Das Mädchen Soja dürfte da weit übertrieben haben.«

Lange verfärbte sich. Offenbar hatte er sofort begriffen, daß ich von seinem Besuch bei Soja Kenntnis haben mußte. Um Zeit zu gewinnen, griff er nach einer Zigarette. Ich schwieg. Ich hatte mich nicht getäuscht, der Mann war im Grunde feige. Er wußte, daß er erledigt war, wenn ich sprechen würde.

Hastig sog er den Rauch seiner Zigarette ein. Schließlich sagte er: »Im Ganzen haben Sie ja bisher gute Arbeit geleistet. Vielleicht sollte man die Sache mit Soja nicht überbewerten. Ich hatte die Absicht, Sie zum Propagandaministerium zu empfehlen«, fügte er scheinheilig hinzu, »wo Ihre Fähigkeiten besser zur Geltung kommen könnten. Aber für die Armee ist es wohl nützlicher, wenn Sie hierbleiben. Ich werde daher die Versetzung rückgängig machen.«

Er erhob sich, zwang sich zu einem Lächeln und reichte mir die Hand.

Kurz darauf kam Seebach aus dem Urlaub zurück. »In Zukunft haben Sie von Lange nichts mehr zu befürchten«, meinte er. »Er weiß, daß nur Ihr Schweigen ihn rettet.« Ich war mir da nicht so sicher und beschloß, nach diesem Vorfall Irina nach Wien zu schicken, sobald ich von dort Nachricht hatte.

Seebach berichtete auch, daß Hitler die Verlegung aller russischen Freiwilligenverbände nach Frankreich empfohlen habe, angeblich, um sie dort zu einer russischen Befreiungsarmee zusammenzufassen. Ich wußte das schon, denn die ersten Freiwilligenbataillone waren schon abtransportiert worden.

»Glauben Sie an diese Armee?« fragte ich Seebach.

»Nein. Er will die Russen vermutlich von hier entfernen, weil er nicht die Absicht hat, seine politischen Ziele zu ändern und weil er immerhin begriffen hat, daß sie dann tatsächlich unzuverlässig würden.«

»Das ist das Ende«, sagte ich. »Und dann faselt Schellenberg noch von einer Wende!«

»Er hat Sie übrigens angefordert«, sagte Seebach. »Der General hat das liegengelassen, bis ich zurückkam. Er hat geantwortet, daß Sie erst abgestellt werden könnten, wenn ein Vertreter eingearbeitet ist. Bis dahin wird alles ohnedies hinfällig sein. Ich rechne mit einem Großangriff der Russen für spätestens Mitte Juni.«

Wenige Tage später rief der SD-Führer an und fragte, ob ich wisse, wo die Tänzerin Soja sich aufhalte. Sie solle als partisanenverdächtig ins Gefängnis nach Minsk überführt werden. Befehl von Oberstleutnant Lange.

Das hatte ich befürchtet und hatte ihr geraten, sich einem Ostbataillon anzuschließen, das nach Frankreich verlegt wurde.

Dem SD-Führer sagte ich, sie sei zu Verwandten aufs Land gezogen. Adresse unbekannt. Dabei fiel mir das Mädchen Katja ein, das eine Zeitlang in einem Dorf gelebt hatte, wohin oft Partisanen kamen und das ich dem SD zu einer Gegenüberstellung ausgeliehen hatte. Als ich um Rückführung bat, erklärte der Sturmbannführer, es täte ihm leid, aber sie hätten sie liquidieren müssen, weil sie Typhus bekommen habe. Befehl von oben.

»Was haben Sie?« schrie ich. »Warum haben Sie mich nicht benachrichtigt? Es gibt ein Krankenhaus! Ich hätte sie abholen lassen.«

»Es mußte schnell gehen. Wir können uns eine Epidemie nicht leisten. Ich habe es nicht gern getan, aber, wie gesagt, Befehl von oben.«

»Das Mädchen war achtzehn Jahre alt! Das ist Mord! Nichts anderes! Ich war bei Schellenberg. Er will eine Organisation gegen das Stalinregime gründen. Was glauben Sie, wen man dazu bekommt, wenn sowas bekannt wird?« Ich warf den Hörer in die Gabel. Irgendwann werden wir das alles bezahlen müssen, dachte ich.

In diesen Tagen kam die Zusage aus Wien. Irina konnte mit

einem Unteroffizier des Stabes, der nach Wien in Urlaub fuhr, mitfahren.

Der Abschied fiel uns nicht leicht. Irina sah mich traurig an: »Früher wollte ich nicht weg von dir. Aber jetzt bin ich eine Belastung für dich. Du hast ein Verhältnis mit einem Untermenschen und noch dazu mit einer Spionin. Wie lange wird man dir das durchgehen lassen?«

»Es geht nicht um mich«, erwiderte ich. »Ich weiß nicht, ob ich dich auf die Dauer werde schützen können. In Wien bist du sicher. Im nächsten Urlaub besuche ich dich.«

Empfang bei General Bernhard

Kurz darauf empfing mich General Bernhard in Gegenwart von Seebach und sprach mir seine Anerkennung für die bisher geleistete Arbeit aus.

Ich benutzte die Gelegenheit, um ihm zu danken, daß er mich unterstützt und gedeckt hatte, obwohl das, was ich tat, nicht immer den Intentionen der NS-Führung entsprach. Dann berichtete ich ausführlich über mein Gespräch mit Schellenberg und bat, meine Überstellung wenn irgendmöglich zu verhindern.

Der General sagte, er halte den Plan Schellenbergs zu diesem Zeitpunkt für utopisch. Vielleicht hätte er 1942 eine Chance gehabt. Im übrigen rechne er in Kürze mit einem Großangriff der Russen, dem wir kaum standhalten würden. Dann seien solche Pläne ohnehin illusorisch . . .

Bernhard hatte schon den Ersten Weltkrieg mitgemacht und war, nachdem er 1917 in Mazedonien mit seinem Flugzeug abgeschossen worden war, verwundet in russische Gefan-

genschaft geraten. Von Sibirien gelang ihm nach drei Jahren die Flucht über Finnland. Er trat in die Reichswehr ein und war zu Beginn des Zweiten Weltkrieges Generalmajor.
Während des Rußlandfeldzuges wurde er von seinem Adjutanten, einem Parteimann, wegen einer kritischen Äußerung denunziert und zur Führerreserve versetzt. Auf Betreiben des Feldmarschalls von Rundstedt wurde er rehabilitiert und 1942 als Generalleutnant Kommandeur des rückwärtigen Armeegebietes der 2. Panzer-Armee, später der 9. Armee.
Als am Schluß des Krieges die 9. Armee im Raum Fürstenwalde eingeschlossen wurde, weigerte er sich, gegen den Rat Seebachs, seine Truppe zu verlassen, stellte es jedoch Seebach frei, den Durchbruch mit einer Gruppe Freiwilliger zu versuchen. Tatsächlich gelang es Seebach, in nächtlichen Märschen durch schon von den Russen besetztes Gebiet die amerikanischen Linien zu erreichen.
Bernhard wurde von den Russen zum Tode verurteilt und am 30. Dezember 1945 in Brjansk öffentlich hingerichtet. Man legte ihm die Unternehmen gegen die Partisanen im Korück-Gebiet zur Last.
Er, der die Russen schätzte und stets human handelte, hat dieses Schicksal sicherlich nicht verdient.

Die Weißruthenen Kosmówitsch und Wituschka

Mit Dmitrij Kosmówitsch hatte ich schon in Brjansk zusammengearbeitet. Er hatte eine gewisse Berühmtheit erlangt, weil es ihm gelungen war, das Gebiet um Smolensk, wo die

Partisanenbrigade Grischin mit 2000 Mann die Bevölkerung der Dörfer drangsalierte, partisanenfrei zu machen.

Seine Methode war im Grund einfach und hing nur von einer Voraussetzung ab: der Bereitschaft der Bevölkerung zur Mitarbeit. Daß sie in hohem Maße gegeben war, bewies dieses Experiment aufs neue.

Zunächst wurde mit der Sicherung der nahegelegenen Dörfer begonnen. In jedem Dorf wurden 100 bis 150 Mann aus Beutebeständen bewaffnet. Bunker wurden gebaut und ein Signalsystem eingerichtet, um bei Überfällen die Nachbareinheiten zu alarmieren. Vor allem aber benötigte Kosmówitsch Offiziere und Unteroffiziere, die die Bauern ausbilden konnten. In einem Offizierslager wurden Offiziere ausgewählt. Unter ihnen befanden sich auch aktive Offiziere bis zum Rang eines Obersten. Sie waren Gegner Stalins, aber auch von den Deutschen enttäuscht. Deshalb war der Versuch nicht ganz risikolos. Tatsächlich gab es aber keinen Fall von Desertion.

So wurde von Smolensk aus ein Dorf nach dem anderen bewaffnet und damit dem Zugriff der Partisanen entzogen. In Smolensk selbst stellte Kosmówitsch ein motorisiertes Einsatzkommando auf, das notfalls schnell eingreifen konnte.

Die Gesamtzahl der Volksmilizen im Gebiet Smolensk betrug schließlich fast 25000 Mann. Im ganzen rückwärtigen Gebiet der Heeresgruppe Mitte rund 100000 Mann. Sie wurden in Bataillone gegliedert und einem Zentralstab unterstellt, um später eine schnelle Eingliederung in die von allen erwartete Befreiungsarmee zu erleichtern. Kurz darauf wurde jedoch jede Zentralisierung untersagt. Eine weitere Enttäuschung nicht nur für die Russen, sondern auch für den deutschen Befehlshaber des rückwärtigen Armee-

gebietes, der bei der Unterstützung Kosmówitschs seine Kompetenzen ohnehin überschritten hatte.
Nach der Aufgabe des Gebietes um Smolensk wurde Kosmówitsch Inspekteur aller im Kampf gegen Partisanen eingesetzten Volksmilizen.
Kosmówitsch war Angehöriger einer kleinen Schicht Intellektueller, die das bäuerliche Weißruthenien hervorgebracht hatte. Er war schon früh emigriert und hatte sich in Belgrad einer politischen Organisation angeschlossen, die für ein selbständiges Weißruthenien kämpfen wollte. Bei Beginn des Ostfeldzuges war er in seine Heimat zurückgekehrt, um hier mit Hilfe der Deutschen sein Ziel zu verwirklichen.
Wenn Kosmówitsch und seine Anhänger bereit waren, weiter gegen das Sowjetregime zu kämpfen, obwohl sie den Glauben an eine Änderung der deutschen Ostpolitik verloren hatten, so deshalb, weil sie sich nicht vorstellen konnten, daß die Westmächte den Diktator Stalin schonen würden.
Als klar war, daß die Deutschen auch die Dnjeprlinie würden aufgeben müssen, beschloß die Organisation der Weißruthenen, der Kosmówitsch angehörte, hinter der Front der Russen eine Widerstandsbewegung zu schaffen, die im Untergrund die Sowjéts weiter bekämpfen sollte. Da Kosmówitsch den Westen besser kannte, wurde sein Vetter und Stellvertreter Wituschka dazu bestimmt, diese Organisation zu bilden. Er wurde 1944 mit Hilfe der Deutschen in seiner Heimat abgesetzt. Es gelang ihm, mehr als 800 Widerstandsgruppen zu organisieren, die noch bis zum Jahre 1956 aktiv die Russen bekämpften. Wituschka wurde nie gefaßt und unter dem Decknamen ›Schwarze Katze‹ berühmt. Erst als die Hoffnung auf ein Eingreifen der West-

mächte schwand, beschränkte sich die Organisation auf Untergrundpropaganda.

Rückzug zur Weichsel

Im Morgengrauen des 23. Juni erwachten wir von einem Grollen und Dröhnen, das den ganzen Himmel zu erfüllen schien. Man hörte keine einzelnen Einschläge, es war ein ununterbrochenes Tosen, ein Trommelfeuer von bisher unbekannter Stärke. Die Hiobsbotschaften von der Front überstürzten sich.
Drei Tage nach Beginn des Angriffs wurde ich um drei Uhr früh von Seebach alarmiert. »Rücken Sie in spätestens einer Stunde ab! Sonst kommen Sie nicht mehr heraus. Die Russen sind mit Panzern schon südlich Bobruisk durchgestoßen.«
»Wo soll ich mich melden?« fragte ich.
»Weiß ich nicht. Gehen Sie so weit wie möglich nach Westen und fragen Sie unterwegs nach uns. Hals- und Beinbruch!«
Damit hatte er aufgehängt.
Eine halbe Stunde später befanden wir uns auf dem Marsch nach Westen. In Ossipówitschi und Marina Gorka stießen die dortigen Außenstellen zu uns. Ich erfuhr, daß Bischler mit seinen Leuten am Tage vorher abtransportiert worden war. Um den russischen OD, der teilweise die Bahnlinie geschützt hatte, kümmerte sich niemand. Wem es nicht gelang, sich einer deutschen Einheit anzuschließen oder sich auf eigene Faust nach Westen durchzuschlagen, der fiel in die Hände der Roten Armee und erlitt ein grausames Schicksal.

Zunächst kamen wir ziemlich rasch vorwärts. Das sich anbahnende Chaos eines totalen Zusammenbruchs der deutschen Mittelfront spielte sich hinter uns ab.
Am dritten Tag übernachteten wir im Dorf Wischnjéwka bei Minsk. Am Morgen hörte ich Schüsse. Gleich darauf meldete die Wache, daß unter Bewachung von SS-Leuten Gefangene von einem LKW auf einen anderen umgeladen wurden. Dabei hätten zwei zu fliehen versucht und seien erschossen worden.
Neben dem Dorf befand sich ein Mustergut des SD. Ich fuhr hin und traf einen Sturmbannführer. Auf meine Frage, was das zu bedeuten habe, erklärte er, es handle sich um Gefangene aus dem Gefängnis in Minsk, die hier vom Gefängniswagen auf seine Wagen umgeladen würden. Er habe Befehl, alle Gefangenen des Minsker Gefängnisses zu liquidieren. Sie würden in den Wald gefahren und dort erschossen.
Auf meinen Einwand, daß doch wohl die meisten Gefangenen leichtere Fälle seien, die bestimmt nicht die Todesstrafe verdient hätten, erwiderte er kurz: »Der Befehl ist da, und ich führe ihn aus. Wenn wir sie freilassen, kämpfen sie morgen in der Roten Armee gegen uns.«
Ich verabschiedete mich und konnte ihm nur wünschen, daß er nie in die Hände der Russen fallen möge.
Nachdem wir in Stolpce nur um Minuten einem russischen Panzervorstoß entgangen waren, fuhren wir ohne Zwischenfälle über Baranowítschi nach Slonim. Die Stadt liegt am Westufer der Szcora, einem Nebenfluß des Njemen. Dort lagerten wir bei herrlichem Wetter außerhalb der Stadt am Ufer und fühlten uns für diesen Tag sicher.
Der findige Krause hatte herausgefunden, daß sich auf der anderen Seite des Flusses in einer Kirche ein Lebensmittellager der SS befand, wo es alles gab, vom Sekt bis zur

Schokolade und Zigaretten. Wir erhielten, was wir wollten, nur bezahlen mußten wir, obwohl vorauszusehen war, daß die Russen in wenigen Tagen den Rest schnappen würden. Wir tranken Sekt wie Wasser und entsprechend war, trotz der Frontlage, die Stimmung. Wir hatten längst gelernt, die Feste zu feiern, wie sie fallen. Niemand wußte, wie lange er das noch konnte.

Wir hatten den Dr. Makarowski und seine hübsche blonde Verlobte mitgenommen. Da nicht vorauszusehen war, was weiter geschehen würde, stellte ich dem »Ehepaar« Makarowski eine Bescheinigung aus, in der gebeten wurde, ihnen in jeder Beziehung behilflich zu sein. So hatte ich die beiden ›verheiratet‹, und sie hatten größere Chancen, beisammenbleiben zu können.

Clawdia übergab mir ihr Tagebuch.[1]

[1] Auszugweise im Dokumentarteil

III

Polen

(Juli 1944 – Januar 1945)

Warschau

Am 26. Juli erreichten wir Warschau. Es bot sich uns ein überraschendes Bild: hübsche Frauen in hellen Sommerkleidern, reger Verkehr. Fast friedensmäßig, wenn da nicht die schweren Zerstörungen gewesen wären, die von den Luftangriffen herrührten, als die 120 000 Verteidiger am 19. 9. 1939 die Übergabe der Stadt verweigert hatten. Erst später begriff ich, daß das nur die Fassade war, hinter der sich die Tragödie des polnischen Volkes verbarg. Wir konnten nicht ahnen, daß die Stadt wenige Tage später in einem Inferno versinken würde.

In Ozarow, wenige Kilometer westlich der Stadtgrenze, fand ich ein geeignetes Quartier und meldete mich bei Lange und Seebach.

Am nächsten Tag fuhr ich nach Posen, das nun so nah gerückt war, um zwei polnisch sprechende Dolmetscher auszuwählen und meine Verwandten zu besuchen, die seit der Umsiedlung aus dem Baltikum dort lebten. Ich nahm die beiden Makarowskis mit, die von dort aus weitergeleitet wurden. Sie sind nach dem Krieg in die USA ausgewandert.

Nach meiner Rückkehr meldete Timinski, der leidlich polnisch sprach, es seien Gerüchte über einen bevorstehenden Aufstand im Umlauf. Darauf schickte ich die beiden Neuen in Zivil in die Stadt. Sie kamen spät abends zurück und meldeten aufgeregt, der Aufstand werde schon in wenigen Tagen, am 1. August, beginnen. Es seien zehntausende Aufständischer in der Stadt zusammengezogen, vor allem

Angehörige der AK (Armija Krajowa – Landesarmee)[1]. Da anzunehmen sei, daß die Rote Armee in Kürze Warschau erreichen werde, wollten die Polen ihre Hauptstadt vorher erobern.

Im Armeestab war man zunächst skeptisch. Die Armee hatte in Warschau auch nichts zu sagen. Dort herrschte der Gouverneur Fischer mit seinen Polizeieinheiten. Als ich jedoch am nächsten Tag die präzise Nachricht erhielt, der Aufstand werde am 1. August um 17 Uhr beginnen, wurde ich mit meinen Unterlagen zum Stadtkommandanten geschickt.

Das war der Generalleutnant der Luftwaffe, Stahel. Groß, schlank, dekoriert mit dem Ritterkreuz mit Schwertern und Eichenlaub, war er eine imposante Erscheinung. Er hörte sich meinen Bericht an, erklärte aber, er sei erst seit einigen Tagen in Warschau und kenne die Lage daher noch nicht. Ich solle zum Gouverneur Fischer gehen. In jedem Fall werde er jedoch erhöhte Alarmbereitschaft befehlen.

Fischer, ein mittelgroßer Mann mit schmalem, arrogantem Gesicht, brauste sofort auf. Das seien Ammenmärchen! Er sei schließlich seit Jahren hier und kenne die Polen besser. »Meine Polen machen keinen Aufstand!« erklärte er.

Als ich empfahl, wenigstens die kleinen Einheiten in Schwerpunkten zusammenzuziehen, lehnte er brüsk ab. Er wisse selbst, was er zu tun habe.

Seine Sturheit reizte mich. Ich erhob mich und sagte: »Ich habe Sie auf Befehl der Armee gewarnt und bin überzeugt, daß meine Angaben stimmen. Am 1. August um 17 Uhr wer-

---

[1] Die AK, die größte Untergrundorganisation, stand in Verbindung mit der polnischen Exilregierung in London und strebte ein unabhängiges, nichtkommunistisches Polen an.

den Sie mir recht geben müssen. Das ist übermorgen.«
Damit verabschiedete ich mich.
Kaum war ich wieder im Quartier, als Lange anrief, was zum Teufel ich mit Fischer gemacht hätte. Er habe wütend angerufen und sich verbeten, daß die Armee ihm irgendwelche Sonderführer mit defaitistischen Ansichten schicke. Er sei lange genug in Warschau, um die Lage beurteilen zu können.
»Sind Sie sicher«, fragte Lange, »daß Ihre Angaben stimmen?« Ich konnte mit gutem Gewissen bejahen.
Da ich nicht wußte, ob sich der Aufstand auf Warschau beschränken würde, organisierte ich am 1. August für alle Fälle eine Art Rundumverteidigung. Dann setzte ich mich auf das Dach meines Hauses und beobachtete durch mein Fernglas die Stadt.
Um Punkt 17 Uhr begann eine wilde Schießerei. Wie ich später erfuhr, war innerhalb weniger Stunden der größte Teil der Stadt in den Händen der Aufständischen. Fischer und Stahel waren im Palais Brühl eingeschlossen. Das Polizeiviertel mit dem Gestapohauptquartier und einige andere wichtige Gebäude konnten Angriffe abwehren. Auch ein Angriff auf die Weichselbrücken konnte abgewehrt werden. Niemand ahnte zu diesem Zeitpunkt, daß der erbitterte Kampf zwei Monate andauern würde.

Neubeginn in Blonie

Als ich mich am nächsten Tag bei Lange meldete, befahl er, in Blonie ein neues Quartier zu beziehen. Es sei dort etwas Geeignetes frei geworden.

Blonie war ein kleines Städtchen, zehn Kilometer westlich von Warschau. Als wir dort eintrafen, war ich angenehm überrascht. Es gab ein großes Haus, nebenan auf dem Hof ein kleineres Gebäude, das sich gut für mein ›Privatgefängnis‹ eignen würde, und dahinter einen Stall, in dem wir eine Kuh und ein Pferd vorfanden, die von einer alten Polin betreut wurden. Sogar ein Klavier fanden wir vor. Kein Wunder, es stellte sich später heraus, daß die Gestapo hier residiert hatte.

Am Nachmittag besuchte uns Seebach. Er berichtete, daß man im Stab nicht ohne Schadenfreude die prekäre Lage des arroganten Gouverneurs Fischer zur Kenntnis genommen hatte. Ich erfuhr, daß Himmler neben Polizei und SS auch die berüchtigte Brigade Dirlewanger einsetzen wollte. Außerdem sollte ein verstärktes Bataillon der Brigade Kaminski herangeführt werden. Generalleutnant Stahel unterstand zwar der Armee, aber die eigentliche Führung bei der Bekämpfung des Aufstandes sollten der Polizei- und SS-Gruppenführer Reinefarth und der SS-Obergruppenführer von dem Bach-Zelewski übernehmen, die Himmler direkt unterstanden. Der Führer hatte befohlen, die Stadt dem Erdboden gleich zu machen und die Bevölkerung zu vernichten. Einheiten der Armee sollten vorerst nicht eingesetzt werden.

»Vermutlich wird alles in einem entsetzlichen Blutbad enden, ohne daß wir etwas daran ändern können«, meinte Seebach. Er war noch pessimistischer als gewöhnlich.

Dann übermittelte er mir den Befehl des Generals, sobald wie möglich über die Lage im Armeegebiet zu berichten; Stimmung der Bevölkerung, Verhalten der deutschen Polizeiorgane, eventuelle Übergriffe usw.

Mir war klar, daß es sehr schwierig sein würde, Polen zu

einer vertrauensvollen Zusammenarbeit zu bewegen. Während in Rußland viele bereit waren, uns zu helfen, gab es hier verständlicherweise nur Haß.

Ich beschloß, es zunächst bei der polnischen Rotkreuzorganisation (RGO) zu versuchen, die ein Büro in Blonie unterhielt. Als ich den Raum betrat, in dem zwei junge Sekretärinnen arbeiteten, erhoben sie sich sofort und sahen mir ängstlich entgegen. Ich spürte förmlich die Unsicherheit und Angst, die offenbar jeden Polen befiel, wenn jemand in deutscher Uniform auftauchte.

Ich fragte nach dem Leiter der Dienststelle und wurde in ein kleines Nebenzimmer geführt, wo sich ein älterer Mann erhob. Ich reichte ihm die Hand, die er zögernd ergriff und fragte, ob er deutsch oder russisch spreche. Die meisten Polen beherrschten eine dieser Sprachen. Er sprach recht gut deutsch.

Ich erklärte, daß ich zum Armeestab gehöre und daß uns daran läge, die Verhältnisse hier genau kennenzulernen. Er könne ganz offen reden, es werde keinerlei Nachteile für ihn haben. Die Armeeführung wolle Mißstände, soweit möglich, abstellen. Dazu seien genaue Unterlagen nötig.

Er zögerte, sagte dann aber, er sei bereit, einen Bericht zu machen. Dazu benötige er einige Tage.

Als ich ihm zum Abschied die Hand reichte, sagte er: »Was ich tun werde, ist lebensgefährlich. Sie wissen vermutlich, was mit mir geschieht, wenn die Gestapo erfährt, von wem Sie die Unterlagen haben.«

»Keine Sorge«, beruhigte ich ihn. »Sie können mir vertrauen und immer zu mir kommen, wenn Sie Probleme haben. Ich wohne im früheren Quartier der Gestapo.«

»Ich weiß«, lächelte er.

Ihr Nachrichtendienst funktioniert nicht schlecht, dachte ich, als ich nach Hause ging.

Eine Woche später hielt ich einen Bericht in Händen, der mich erschütterte. Von all dem hatten wir in Rußland keine Ahnung gehabt.

Nicht nur, daß der polnische Staat aufgehört hatte zu existieren, die Menschen im sogenannten Gouvernement, im Restpolen, waren rechtlos der Willkür der Polizeiorgane ausgeliefert. Die Polizei konnte ohne Gerichtsverhandlung willkürlich Polen erschießen, was schon bei geringen Vergehen brutal, zum Teil auf offener Straße in Warschau, durchgeführt wurde. Deutschen war der private Verkehr mit Polen untersagt. Hunderttausende waren nach Deutschland zur Zwangsarbeit deportiert worden, wobei rücksichtslos Familien auseinandergerissen und Eltern von ihren Kindern getrennt wurden. Es kam sogar vor, daß man Arbeitsfähige nach Kinobesuchen oder nach Gottesdiensten vor der Kirche aufgriff. Als anläßlich des Gründungstages der zweiten polnischen Republik an einigen Häusern Erinnerungsplakate angeheftet wurden, befahl der Generalgouverneur Frank, in jedem Haus, an dem ein Plakat hing, einen männlichen Bewohner zu erschießen, obwohl die Bewohner des Hauses meist nichts damit zu tun hatten.

Der RGO-Leiter machte mich mit einer Polin der früheren polnischen Oberschicht bekannt, die mir haarsträubende Dinge berichtete. Einen typischen Vorfall möchte ich hier wiedergeben: Ihr Sohn hatte einen schönen Zobelpelz. Gegen ihren Rat zog er ihn an, da er erkältet war. Es war schon vorgekommen, daß Polizisten Polen Pelze, die ihnen gefielen, vom Leibe zogen. Als er nicht nach Hause zurückkehrte, geriet sie in Panik. Es war schon mehrfach vorgekommen, daß Polen spurlos verschwanden. Vergeblich fragte sie in allen Polizeidienststellen der Stadt nach ihm. Schließlich erfuhr sie von einem polnischen Dolmetscher, der bei einer deutschen Dienststelle arbeitete, daß ihr Sohn verhaftet sei. Die Familie besaß noch aus der Vorkriegszeit wertvolles Silbergeschirr. Sie bot es den Deutschen an, wenn ihr Sohn freigelassen würde. Die Polizisten gingen auf den Handel ein und ließen den Sohn frei. Den Pelz behielten sie.

Bei Kaminski in Warschau – der Schriftsteller Ossendowski

Am 12. August rief Lange an und befahl, ich solle in den schon freigekämpften Südteil der Stadt fahren und feststellen, ob Meldungen über Ausschreitungen des Kaminskibataillons den Tatsachen entsprächen. Angeblich wären sogar zwei deutsche Wehrmachtshelferinnen vergewaltigt worden. Ein Oberstabsarzt, der den Vorfall untersuchen sollte, sei mit der Waffe bedroht worden. Die Armee fühlte sich in gewissem Sinne noch für Kaminski verantwortlich, der von ihr in Lokotj protegiert worden war.
Es bot sich mir ein gespenstisches Bild: leere, zum Teil ausgebrannte Häuser, geplünderte Wohnungen, Leichen. Auf der Suche nach dem Kommandeur des Bataillons, Frolow, geriet ich in ein Haus, wo ich auf einem Türschild las: Ferdinand Ossendowski, Literat. Ossendowski war ein weltbekannter Reiseschriftsteller, dessen Bücher in viele Sprachen übersetzt worden waren. Sie standen bei mir zu Hause im Bücherschrank. In einem von ihnen mit dem Titel: »Tiere, Menschen und Götter« schildert er eine Reise in die Mongolei und seine Begegnung und Freundschaft mit dem

Zarengeneral Roman Baron Ungern-Sternberg, der nach dem Ersten Weltkrieg mit seiner sibirischen Kavallerie-Division noch ein Jahr lang gegen die Rote Armee gekämpft hatte und eine Zeitlang praktisch Beherrscher der Mongolei war. Dessen Schicksal hatte mich besonders interessiert, weil ich über meine Mutter mit ihm verwandt war.

Als ich die Wohnung betrat – die Tür stand offen – hatte ich im ersten Moment den Eindruck, als seien die Bewohner noch anwesend. Teegeschirr stand auf dem Tisch, ein aufgeschlagenes Buch auf dem Schreibtisch. Dann erst sah ich, daß Schränke und Kommoden durchwühlt waren. Doch offenbar hatten die Plünderer nur nach Geld und Schmucksachen gesucht. Kostbare Asiatika standen unberührt an den Wänden. Die Bewohner mußten die Wohnung in äußerster Hast verlassen haben. Selbst ein Rasierpinsel stand noch da. Ich wußte, daß alle Einwohner, die bei Beginn der Schießerei in die Keller geflüchtet waren, erschossen oder in Lager verschleppt worden waren, ohne etwas mitnehmen zu können.

Da ich mit einem LKW und vier Russen meines Kommandos gekommen war, ließ ich die wertvollsten Dinge aus der Wohnung mitnehmen, um sie Ossendowski zurückzugeben, falls er sich gerettet hatte.

Schließlich fand ich auch den Gefechtsstand des Bataillons. Als ich den Raum betrat, saß da neben dem Kommandeur Frolow zu meiner Überraschung Kaminski mit seinem Nachrichtenoffizier Kapkájew. Vor ihnen stand eine halb gefüllte Flasche Wodka.

Als Kaminski mich bemerkte, erhob er sich, schon schwankend. »Ach, der Herr Sonderführer aus Brjansk!« rief er. »Setzen Sie sich! Trinken Sie mit uns einen Schnaps auf den Sieg! Erinnern Sie sich noch an unser letztes Gespräch in

Lókotj? Es ist noch schlimmer gekommen als ich befürchtet hatte. Wir hatten gehofft, daß euer Führer, wenn schon nicht durch seine Vernunft, so durch die Verhältnisse gezwungen werden würde, das Richtige zu tun. Wir haben uns geirrt. Ich habe auf die falsche Karte gesetzt. So wird er zugrunde gehen und wir mit ihm. Ihre Armee, was hat sie erreicht? Sie konnte nicht einmal verhindern, daß wir Himmler unterstellt wurden. Dieser Einsatz hier ist gegen meinen Willen geschehen. Meine Leute haben inzwischen begriffen, daß die Reise in den Abgrund führt. Sie sind demoralisiert. Und hier hat Himmler ihnen gesagt, sie könnten nehmen, was sie wollen. Es würde sowieso alles vernichtet. Wenn man das einfachen Leuten sagt, denen sowieso die Augen übergehen von dem Luxus, in dem die polnische Oberschicht hier gelebt hat, dann gibt es kein Halten mehr. Ich habe sie nicht mehr in der Hand. Wenn Ihre Armee noch etwas Einfluß hat, dann soll sie dafür sorgen, daß wir hier herausgezogen werden.«

Das ungefähr war der Inhalt seines Monologs.

Was konnte ich ihm entgegnen? Er hatte in allem recht. Ich versprach, dem Armeestab entsprechend zu berichten.

Als mich dann Kapkájew zum Wagen begleitete, fragte ich ihn, was seit dem Rückzug aus Lókotj passiert sei.

Ich erfuhr folgendes: Die RONA mit ihren Angehörigen war zuerst nach Lepel transportiert worden. Dort wurden sie schlecht und recht untergebracht, und schon dort setzten die Enttäuschung über die Deutschen ein und der Zweifel an einem guten Ausgang des Krieges. Dann wurden sie der SS unterstellt, neu eingekleidet und bewaffnet und schließlich nach Schlesien in die Gegend von Ratibor verlegt. Es waren noch etwa 15000 Angehörige der RONA, zum Teil mit ihren Familien. Als der Aufstand in Warschau begann, wurde Kaminski zu Himmler beordert und ihm befohlen, seine Einheit gegen die Aufständischen einzusetzen. Seine Bedenken nützten nichts. »Sie dürfen mich jetzt nicht im Stich lassen«, hatte Himmler sich sogar herabgelassen zu sagen. Schließlich versprach Kaminski, ein verstärktes Bataillon, ca. 1500 Mann, zu stellen. Da man die Verheirateten schonen wollte, wurden nur Unverheiratete genommen. Am 5. August traf das Bataillon in Warschau ein und ging sofort im Südteil der Stadt vor. »Es sind schreckliche Dinge passiert«, schloß Kapkájew seinen Bericht. »Schuld ist im Grunde Himmler, der befahl, die Stadt dem Erdboden gleich zu machen.«

Kurz nach meinem Bericht erreichte der Armeestab, daß das Bataillon abgelöst wurde. Kaminski aber wurde auf Befehl von dem Bach-Zelewskis vor ein Standgericht gestellt und erschossen, obwohl er nur zwei Tage in Warschau gewesen war und die Untaten nicht befohlen hatte. Da man eine Meuterei seiner Leute befürchtete, wurde angegeben, polnische Partisanen hätten ihn erschossen. Man ging so weit, Offizieren der RONA als Beweis einen zerschossenen PKW vorzuführen, den man mit Gänseblut beschmiert hatte.

Nach meiner Rückkehr aus Warschau hatte ich die RGO gebeten, festzustellen, ob Ossendowski sich gerettet hatte.

Gelbsucht – Urlaub – Wien

Mitte August meldete sich zu meiner Freude Grünbaum zurück, nachdem er monatelang in verschiedenen Krankenhäusern behandelt worden war. Er kam gerade zur rechten Zeit. Ich erkrankte an einer Hepatitis, einer ansteckenden Gelbsucht, die im Armeegebiet grassierte. Nun konnte er mich vertreten.
Von Seebach erbat ich einen Marschbefehl nach Posen. Statt irgendwohin ins Reich wollte ich lieber in ein Lazarett, wo ich notfalls erreichbar war und wo mich meine Verwandten besuchen konnten.
Die Behandlung dauerte fast vier Wochen. Kurz vor meiner Entlassung besuchte mich Seebach und bot mir erneut an, meine Kinder bei sich in Thüringen aufzunehmen. Er verschaffte mir auch einen kurzen Genesungsurlaub.
Darauf fuhr ich nach Schlesien, wo meine Kinder vier Jahre lang nichts vom Krieg gespürt hatten. Meinen Freunden dort fiel es schwer, meiner pessimistischen Prognose zu glauben. Sie konnten sich nicht vorstellen, ihr Gut, das seit Generationen im Familienbesitz war, aufgeben zu müssen. Ich konnte nur raten, Wertsachen schon jetzt in den Westen zu schaffen und rechtzeitig alles für eine Abfahrt vorzubereiten.
Frau von Seebach empfing uns mit großer Freundlichkeit. Sie hatte vier Kinder, so daß meine beiden sich schnell einleben würden.
Da nicht damit zu rechnen war, daß ich vor dem Kriegsende noch einmal Urlaub erhalten würde, beschloß ich, wenigstens für einen Tag nach Wien zu fahren, um nach Irina zu sehen.

Sie hatte es dort gut gehabt. Ihr Arbeitgeber war ein kultivierter Wiener alter Schule, der keine Illusionen mehr hatte und damit rechnete, daß Österreich wieder selbständig werden würde.
Der Abschied war schmerzlich. Wir wußten ja nicht, ob wir uns jemals wiedersehen würden. Wir vereinbarten, daß Irina bei dem Unteroffizier, der sie nach Wien gebracht hatte und in dessen Familie sie verkehrte, Nachricht für mich hinterlassen sollte, falls sie ihren Wohnsitz ändern mußte.
Nach dem Krieg erfuhr ich, daß Irina nach mir gefragt hatte. Obwohl der Unteroffizier wußte, daß ich im Westen war, gab er an, ich sei bei Warschau in Gefangenschaft geraten, weil er befürchtete, die Amerikaner würden mich an die Russen ausliefern. Irina sagte traurig, sie werde in die Sowjetunion zurückgehen und versuchen, mich in einem Gefangenenlager zu finden. Ich habe nie wieder etwas von ihr gehört.

Kapitulation der Aufständischen

Als ich vom Urlaub zurückkam, war der Aufstand niedergeschlagen. Seebach überbrachte den Befehl des Generals, nun auch im Hinterland die Verhältnisse zu klären. Ich schlug vor, in Lowitsch und Skiernewitschi Außenstellen einzurichten. Lowitsch sollte Grünbaum übernehmen und Skiernewitschi ein Unteroffizier Baller, ein Jurist aus Bremen, den wir neu dazubekommen hatten.
Dann berichtete Seebach über das, was sich indessen in Warschau ereignet hatte.

Die schlimmsten Grausamkeiten waren in den ersten Tagen des Aufstandes verübt worden. Unter dem Befehl des Polizeigenerals Reinefarth waren Polizeieinheiten und die Brigade Dirlewanger entlang der Wolskastraße vorgegangen und hatten wahllos die Bevölkerung aus den Häusern getrieben und niedergemacht. Ein Teil wurde auf den Friedhof gedrängt und dort erschossen. Kinder, Frauen, Greise. In den Krankenhäusern des Stadtteils Wola wurden die Kranken in ihren Betten und auch das Personal erschossen. Im Radiuminstitut im Stadtteil Ochota, wo krebskranke Frauen lagen, wurden die Kranken und die Krankenschwestern vergewaltigt und dann erschossen.
Am Abend desselben Tages war von dem Bach-Zelewski im Gefechtsstand Reinefarths eingetroffen und hatte die Erschießung der Zivilbevölkerung untersagt, obwohl sich Reinefarth auf den Befehl Himmlers und des Führers berief.
Am 2. Oktober kapitulierten die Aufständischen, nachdem ihnen von dem Bach-Zelewski garantiert hatte, daß sie als Kriegsgefangene und nicht als Partisanen behandelt werden würden. 17000 unter Führung des Grafen Bor-Komorowski ergaben sich. Mehr als 20000 waren gefallen oder schwer verwundet.
Von der Bevölkerung Warschaus – rund 900000 – waren 160000 umgekommen. Der Rest war geflohen oder wurde in verschiedene Durchgangslager evakuiert, 70000 wurden zur Zwangsarbeit in KZs verschleppt. Warschau war eine tote Stadt. 35 Prozent der Häuser waren zerstört.

Churchills Fallschirmspringer

Von dem Bach-Zelewski hatte zwar bei Himmler erreicht, daß Aufständische, die sich ergaben, als Kriegsgefangene behandelt wurden; wer sich jedoch nicht ergab, sondern später verhaftet wurde, sollte erschossen werden.
Einige Zeit nach dem Ende des Aufstandes brachte mir die Feldgendarmerie vier Mitglieder der AK, drei Männer und eine Frau: Jadwinga Glawacka. Der Rangälteste, ein Major, nannte sich Romer und erklärte, er kenne sein Schicksal, erwarte jedoch, daß er als Offizier nicht mißhandelt werde. Aussagen werde er keine machen. Die beiden anderen waren Stefan Kurowski, ein Jurist und nach dem Kriege Staatsanwalt beim Tribunal für Naziverbrechen, und Felix Wiesenberg, Musikprofessor.
Als ich versicherte, keiner werde erschossen und keiner mißhandelt, fragte Romer, offenbar überrascht über die gute Behandlung, bei welcher Einheit er sich befände.
Ich erklärte, daß ich dem Armeestab unterstellt sei und daß uns daran läge, genauer über die Verhältnisse in Polen unterrichtet zu werden. Der Oberbefehlshaber wolle, soweit möglich, Mißstände abstellen. Seine Aussage werde also auch Polen nützen.
Darauf erklärte Romer, er müsse das mit seinen Kameraden besprechen.
Am nächsten Tag bat er um eine Unterredung. Er habe von der Wache erfahren, daß ich seinem alten Freund Ossendowski dessen Sachen gerettet habe. Er glaube deshalb, daß ich kein Feind der Polen sei und sei bereit, mir einiges zu sagen, was Polen nicht mehr schaden, uns aber interessieren werde. Er sei Verbindungsmann zum englischen Nachrich-

tendienst gewesen, der in Warschau drei Offiziere in deutscher Uniform mit einem Geheimsender eingesetzt habe. Der Rangälteste, ein Oberst, habe sich kurz vor dem Aufstand von ihm mit den Worten verabschiedet: Auf Wiedersehen beim gemeinsamen Kampf gegen Stalin.

Das war in der Tat eine interessante Nachricht. Unter der Nase des arroganten Gouverneurs Fischer hatten englische Offiziere jahrelang spioniert. Besonders interessierte mich natürlich der Ausspruch des Obersten.

Weiter berichtete Romer, Churchill habe kurz vor dem Aufstand einen polnischen Juden namens Reitlinger mit Fallschirm absetzen lassen, der die weiteren Pläne der polnischen Untergrundorganisationen den Russen gegenüber erkunden sollte. Wenige Stunden vor seiner Verhaftung habe er diesen Reitlinger einem Kurier übergeben, der ihn über Ungarn in den Westen schleusen sollte.

Das waren Nachrichten, die der Armeestab auch dem SD weitergeben mußte. Was ich befürchtet hatte, trat ein. Es erschien ein Sturmbannführer, um die Gefangenen abzuholen. Ich erklärte, sie seien Gefangene der Armee und für unsere Arbeit noch wichtig. Er könne sie hier vernehmen. Es war mir nicht bekannt, daß der SD uns in Polen nicht mehr unterstellt war. Der Sturmbannführer bestand jedoch brüsk auf Übergabe. Darauf rief ich den Chef des Stabes, Generalmajor Staedtke, an und bat um Entscheidung des OB. Die Gefangenen seien für unsere weitere Arbeit von großer Wichtigkeit. Zu meiner Erleichterung kam bald der Rückruf, der OB werde sich direkt mit dem SS- und Polizeiführer ins Benehmen setzen. So lange hätten die Gefangenen bei mir zu bleiben. Tatsächlich erreichte dann der OB, daß sie nicht dem SD ausgeliefert wurden.

In längeren Gesprächen kamen Romer und ich uns näher.

Wir stellten fest, daß der gemeinsame Feind das kommunistische Rußland sei und daß die Polen nach unserer Niederlage weiter für die Demokratie in Polen kämpfen müßten. Romer hoffte, daß die polnische Exilregierung in London mit Hilfe der Engländer ein selbständiges, nichtkommunistisches Polen würde durchsetzen können.
Ich wollte wissen, wie die Nachfolger Bor-Komarowskis über diese Dinge dachten und fragte Romer, ob er bereit sei, einen Kontakt herzustellen. Ich müsse jedoch sein Wort haben, daß er zurückkäme. Als er zusagte, erhielt ich auch die Genehmigung der Armee. Romer kam nach drei Tagen zurück und berichtete, Vertreter der AK seien zu einem Gespräch mit mir bereit.
Die Unterredung fand in einem Vorort Warschaus statt. Um nicht aufzufallen, hatte ich Zivil angelegt. Ich hatte mir aus Posen Zivilsachen mitgebracht und ging auch oft in Zivil aus, um unauffällig beobachten zu können.
Es waren drei Männer anwesend, deren Namen natürlich nicht genannt wurden. Wir sprachen mehrere Stunden sehr offen miteinander. Es erwies sich, daß die Polen sehr genau informiert waren über das, was ich tat und auch über den Unterschied zwischen der Haltung der Wehrmacht und der Verwaltung des Gouvernements.
Als Quintessenz ergab sich folgendes:
Unter allen Umstände müsse verhindert werden, daß Polen seine Selbständigkeit verliere und kommunistischer Satellit der Sowjetunion werde. Das sei auch der Sinn des leider mißglückten Aufstandes gewesen. Hauptfeind der Polen seien von jeher die Russen gewesen. Wenn Hitler Polen nicht als Staat zerschlagen hätte, wären sie bereit gewesen, gegen das kommunistische Rußland zu kämpfen. Auch jetzt noch seien sie dazu bereit, wenn die Deutschen alle Gefan-

genen entlassen und eine polnische Armee unter polnischer Führung genehmigen würden. Sie hofften dabei nach der Niederlage der Deutschen auf eine Unterstützung durch die Westmächte. Sie seien bereit und bevollmächtigt, mit den Deutschen über diese Frage zu verhandeln.
Als ich Seebach am nächsten Tag meinen Bericht übergab, meinte er, das seien Utopien. Verhandlungen mit den Polen seien bekanntlich für Hitler indiskutabel. Natürlich werde der Armeestab den Bericht weitergeben, wobei es durchaus möglich sei, daß die Polizei uns Vorwürfe machen werde, da wir die Polen bei dieser Gelegenheit nicht verhaftet hatten.
Seebachs Voraussage bewahrheitete sich. Es geschah nichts.

Das Mädchen Maria

In diesen Tagen erschien bei mir der Leiter der RGO mit einem Mädchen, das mich verstört und mißtrauisch ansah.
»Sie wollten doch wissen, was in Polen geschieht«, begann er erregt. »Dies ist Maria Worblewska. Ich werde Ihnen berichten, was sie erlebt hat. Es fällt ihr schwer, darüber zu reden. Sie war Studentin, bis die Universitäten geschlossen wurden, und hat dann in einem Büro gearbeitet. Ihr Vater war Arzt. Er ist während des Aufstandes gefallen. Sie lebte mit ihrer Mutter im Vorort Ochota. Als der Aufstand begann, blieben sie in der Wohnung, weil die Kämpfe sich weiter nördlich abspielten. Wenige Tage nach Beginn des Aufstandes, am 5. August, ihre Mutter war zu Bekannten gegangen, um zu erfahren, wie die Lage war, hörte sie

wildes Schießen. Sie ging ans Fenster und sah am Ende der Straße SS-Soldaten, die die Einwohner aus den Häusern trieben und erschossen. In Panik lief sie durch den Hinterausgang hinaus und verbarg sich in einem Gebüsch. Als das Schießen aufhörte, schlich sie sich davon. Sie wollte hierher kommen, wo sie eine Freundin hatte. Da standen plötzlich zwei Soldaten vor ihr, warfen sich auf sie und vergewaltigten sie. Dann ließen sie sie liegen. Sie hatten russisch gesprochen. Später gelang es ihr, in der Dunkelheit hierherzukommen. Seitdem sucht sie verzweifelt nach ihrer Mutter. Wir nehmen an, daß sie im Auffanglager Pruszkow ist, wohin alle Zivilisten aus Warschau gebracht wurden. Wäre es möglich, daß Sie mit uns dorthin fahren, damit Maria ihre Mutter suchen kann? Wenn sie allein geht, würde sie nicht hineingelassen werden oder auch gleich zum Arbeitseinsatz nach Deutschland transportiert werden.«

Natürlich erklärte ich mich bereit. Dank meines Armeeausweises wurden wir ohne weiteres eingelassen. Es war ein riesiges Gelände, wo es von Menschen wimmelte.

Während Maria ihre Mutter suchen ging, befragte ich einige Leute, um Näheres über die Vorgänge in Warschau zu erfahren.

Es verging einige Zeit, ehe Maria strahlend zurückkam. Sie hatte tatsächlich ihre Mutter gefunden, die zusammen mit einer Verwandten, die zu Hause zwei kleine Kinder hatte, schon zum Abtransport nach Deutschland eingeteilt worden war.

Ich nahm die beiden mit und wurde wieder anstandslos hinausgelassen. Auf einen mehr oder weniger kam es offenbar bei der Menge nicht an.

Im Oberstock unseres Hauses war noch ein Zimmer frei.

Deshalb schlug ich vor, daß Maria und ihre Mutter vorerst bei uns bleiben sollten.
Später erfuhr ich, daß insgesamt 350000 Menschen durch die Auffanglager geschleust worden waren, von denen 153000 gleich zum Arbeitseinsatz nach Deutschland geschickt wurden. Der Rest wurde entlassen oder in das Gebiet um Krakau und Radom geleitet.
In der nächsten Zeit schien Maria ihren Schock allmählich zu überwinden. Sie und ihre Mutter halfen der Moltschanowa in der Küche und beim Saubermachen der Räume. Sie faßten Vertrauen, und wir führten lange Gespräche, durch die ich viel über die Zeit vor unserer Ankunft in Warschau erfuhr. Maria sprach gut deutsch. Sie machte sich Sorgen über das Schicksal ihrer Freunde und Bekannten, die alle mit der AK zusammengearbeitet hatten.

Die Revolutionsetüde

Am Weihnachtsabend kam Seebach herüber. Maria hatte irgendwoher einen kleinen Tannenbaum organisiert, und wir nahmen uns vor, trotz der trüben Zukunftsaussichten ein besinnliches Weihnachtsfest zu feiern. Dazu trug wesentlich Frankenstein bei, ein neuer Mann in unserem Kreis, ein Vetter Bircks, auf dessen Bitte ich ihn angefordert hatte. Frankenstein, im Zivilberuf Pianist in einem Tanzorchester, war nach einer leichten Verwundung in Frankreich zur Dolmetscherkompanie in Posen gekommen.
Daß er ein völlig unsoldatisches Original war, zeigte sich schon bei seiner Ankunft. Ich hatte gerade mein Kommando auf dem Hof antreten lassen, als am Tor ein hagerer,

schlacksiger Soldat erschien, der schief einen Koffer schleppte. Das Gesicht mit überlanger Nase strahlte, als er mich erblickte. Er kam heran, stellte den Koffer ab, streckte mir die Hand ohne militärischen Gruß entgegen und sagte: »Frankenstein. Guten Tag, Herr Steenberg!« Woraufhin alle grinsten.

Ich mußte lachen und sagte ihm, daß ich im allgemeinen keinen großen Wert auf soldatische Formen lege, aber hier, vor allen Leuten, hätte er wenigstens normal grüßen können.

Frankenstein sah sich verwundert um, machte dann den mißglückten Versuch strammzustehen, nahm die Hände an die Hosennaht und trompetete: »Jawohl, Herr Sonderführer!«

Wenn ich auch eigentlich keine Verwendung für ihn hatte, so trug er doch wesentlich zu unserem Wohlbefinden bei, weil er nicht nur alle gängigen Schlager meisterhaft spielte, sondern auch in der Lage war, klassische Musik zu machen.

Am Weihnachtsabend spielte er Variationen zu Weihnachtsliedern.

Als die Moltschánowa wieder ihre berühmten ›Blíntischiki‹ servierte, dachten wir an den Prinzen, der sie so gerne aß. »Wer weiß, ob er noch lebt«, sagte Seebach. »Vielleicht denkt er heute auch an uns. Wir wollen auf sein Wohl trinken!«

Später sang Pogóshew seine Romanzen, und als ›Karawán‹ drankam, mußte ich an Irina im fernen Wien denken.

Wir unterhielten uns über die Zukunft Polens, die auch nach unserem Rückzug düster zu sein schien. Maria befürchtete, daß die Russen ihrem Land eine kommunistische Regierung aufzwingen würden.

Da erhob sich Frankenstein, ging ins Nebenzimmer zu

seinem Klavier, und gleich darauf erklangen die aufrüttelnden Rhythmen der Revolutionsetüde von Chopin.
Maria horchte auf. Sie begriff sofort, warum Frankenstein jetzt diese Etüde spielte. Jeder gebildete Pole kannte Chopin. Als Frankenstein geendet hatte und zurückkam, umarmte sie ihn und bedankte sich mit Tränen in den Augen.
Später saßen Seebach und ich noch lange beisammen. Der Großangriff der Russen wurde im Januar erwartet. Seebach rechnete wieder mit einem chaotischen Rückzug, der, wenn überhaupt, vielleicht noch einmal an der Oder aufgehalten werden konnte. Thüringen würde von den Amerikanern besetzt werden, so daß unsere Familien wenigstens nicht den Ausschreitungen der russischen Soldateska ausgesetzt sein würden.
Empört war der Armeestab, daß laut Führerbefehl vom 10. November Warschau weiter zerstört werden sollte, obwohl die Bevölkerung evakuiert worden war. Trotz des Protestes der Armee befaßte sich der Polizeiführer Geibel mit dieser Aufgabe. Außerdem sollten alle Wertsachen – Münzen, Gold, Gemälde, Pelze und Briefmarken – zum persönlichen Stab Himmlers geschafft werden. Zwei wertvolle Geigen wollte Himmler seiner Frau schenken!
Wir fragten uns, was in diesem Menschen vorging. So verblendet konnte er doch nicht sein, noch an einen Sieg zu glauben. Mit Wehmut dachten wir an Roenne, der nach dem mißglückten Putsch vom 20. Juli im Oktober hingerichtet worden war. Typisch war dabei die Reaktion Langes, der, als er davon erfuhr, sagte, Roenne habe bei seinem letzten Besuch schon sonderbare Reden geführt. Ein Glück, daß er, Lange, darauf nicht eingegangen sei.
Die Lage im Armeegebiet wurde immer unerfreulicher.
Grünbaum hatte gemeldet, daß im rückwärtigen Armeege-

biet Einheiten des Gauleiters Koch erschienen seien und Arbeiter zwangsweise zum Stellungsbau nach Ostpreußen abtransportiert hätten. Als Folge dieser Maßnahmen gingen die Arbeiter in den Wald oder zu den Partisanen. Der OB, General von Vormann, hatte diesen Menschenfang untersagt. Darauf kam jedoch ein Führerbefehl: Koch hat volle Handlungsfreiheit. Das ging so weit, daß die Polizeieinheiten Kochs Schießbefehl gegen Beamte des Gouvernements erhielten. Von Vormann wurde nach diesem Zwischenfall abgelöst, und an seiner Stelle übernahm General von Lüttwitz die 9. Armee.

Als Seebach sich spät verabschiedete, sagte er: »Es wird das letzte Weihnachten dieses Krieges gewesen sein. Hoffen wir, daß das Ende nicht zu grausam wird.«

Ossendowskis Tod

Ende Dezember erfuhr ich durch die RGO, daß Ossendowski den Aufstand überlebt hatte und bei Freunden im Vorort Milanuwek untergekommen war. Ich veranlaßte, daß ihm seine von mir sichergestellten Sachen überbracht wurden und schrieb ihm, daß ich ein Verwandter des Generals Ungern-Sternberg sei und mich über seinen Besuch freuen würde.

Doch Anfang Januar kam eine Dame zu mir, stellte sich als Verwandte Ossendowskis vor und berichtete, daß er ganz plötzlich an einer Magenblutung gestorben sei. Kurz vor seinem Tode habe er mir einen Brief geschrieben, den sie mir übergeben wolle.

In dem Brief bedankte sich Ossendowski für die Rettung

seiner Sachen und bat, da er krank sei, um meinen Besuch. Zugleich fragte er, ob es möglich sei, ihn mitzunehmen, falls wir weiter zurückgehen müßten. Er wolle nicht unter kommunistischer Herrschaft leben. Dem Brief hatte er ein Schreiben beigelegt, das ein früherer Offizier der Division Ungerns, Nikolai Blochin, an ihn gerichtet hatte, in dem er unter anderem über seine Zeit bei der Division berichtet.
Die Dame fügte hinzu, es sei damit auch eine seltsame Prophezeiung in Erfüllung gegangen. Darüber las ich nach dem Kriege in einer Schweizer Zeitung: »Ossendowski starb so abenteuerlich, wie er gelebt hat. Während der Kämpfe in der Mongolei ließ er sich mit seinem Freund, dem General Ungern-Sternberg, von einem buddhistischen Mönch weissagen. Der prophezeite, daß Ungern in wenigen Monaten verraten und erschossen werden würde, was dann auch eintraf, während Ossendowski noch lange leben und erst dann sterben würde, wenn er ein Zeichen seines verstorbenen Freundes Ungern erhalten habe. Nach dem Aufstand in Warschau erschien bei ihm ein deutscher Offizier, der sich als Ungern-Sternberg vorstellte. Was sie miteinander gesprochen haben, ist nicht bekannt. Tatsache ist, daß Ossendowski kurz darauf starb. Die Weissagung hatte sich erfüllt.«
Zwar hatte ich Ossendowski nicht gesprochen, ihm aber immerhin als Verwandter Ungerns geschrieben. Seltsam genug, daß ich in der Großstadt Warschau ausgerechnet in seine Wohnung geriet.
Die Beerdigung Ossendowskis fand trotz der angespannten Kriegslage unter großer Beteiligung der Bevölkerung statt. Der Termin wurde durch Plakate in der Stadt angekündigt.

Der Deutsch-Balte

Eines Tages erschien bei mir ein alter Bekannter. Er hatte von meiner Position gehört und wollte wissen, ob es nicht eine Möglichkeit gäbe, ihn für die Armee anfordern zu lassen.
Sein Schicksal war das aller Balten, die nach dem Hitler-Stalin-Pakt ihre Heimat verlassen mußten und in die von Polen annektierten Gebiete umgesiedelt worden waren.
Mein Bekannter war, da er als Landwirt die polnische Sprache erlernt hatte, als Dolmetscher zum Stab des Generalgouverneurs Frank eingezogen worden. Die Atmosphäre dort war so unerträglich, daß er unbedingt fort wollte.
Er berichtete unglaubliche und empörende Dinge, von denen wir in Rußland nichts geahnt hatten. Ich habe seine Angaben nach dem Kriege überprüft und zitiere deshalb einige Aussprüche Hitlers und Franks wörtlich, die er mir damals nur inhaltlich wiedergeben konnte.
Hitlers Ziel war nicht nur die Vernichtung des polnischen Staates, sondern auch des polnischen Volkes. Auf lange Sicht war Germanisierung geplant. Himmler prophezeite für 1962 ein ›polenfreies Generalgouvernement‹. Haupthindernis war dabei die polnische Intelligenz. Deshalb erklärte Hitler: »Was wir jetzt an Führerschicht in Polen festgestellt haben, ist zu liquidieren, was nachwächst, ist sicherzustellen und in einem entsprechenden Zeitraum wegzuschaffen.« Und Frank sagte dazu: »Deshalb muß alles, was sich an polnischer Führungskraft zeigt, immer wieder rücksichtslos vernichtet werden ... Der Führer ist entschlossen, aus diesem Gebiet in 15 bis 20 Jahren ein rein deutsches Land zu machen.«

Als Folge dieser Direktive wurden gleich zu Beginn der deutschen Besetzung rund 3500 polnische Intellektuelle ohne Gerichtsverhandlung erschossen, darunter zwei Bischöfe. Die Professoren und Dozenten der Universität Krakau wurden verhaftet und in ein KZ eingeliefert, wo ein großer Teil zugrunde ging. Als deutsche Professoren immerhin den Mut aufbrachten, zu protestieren, erklärte Frank: da es so viel Ärger mit den ›Krakauern‹ gegeben habe, werde das in Zukunft still und leise im Gouvernement gemacht.

Die SS-Einsatzgruppen wüteten so, daß es zu Zusammenstößen mit der Wehrmacht kam. General von Blaskowitz schrieb an das OKW, die illegalen Erschießungen seien eine unerträgliche Belastung für die Wehrmacht und eine Schande für Deutschland. Die Einstellung der Wehrmacht zur SS schwanke zwischen Abscheu und Haß.

Während der ganzen Zeit der Besatzung waren die Polen recht- und wehrlos der Willkür der Polizeiorgane ausgeliefert. Frank erklärte: »Alle Polen, die hier im Arbeitseinsatz sind, können wir behalten, alle Polen, bei denen das nicht der Fall ist, können wir ausrotten.«

Das war es im wesentlichen, was ich von meinem Bekannten erfuhr. Um ihn und mich nicht zu gefährden, gab ich seine Angaben mündlich an Seebach weiter.

Lydia

Anfang Januar wurde mir das Mädchen Lydia zur Vernehmung gebracht. Sie war Mitglied der PAL (Powstanska Armija Ludowa) (Volksaufstandsarmee), im Range eines

Unteroffiziers gewesen, hatte den Aufstand mitgemacht und war wegen Tapferkeit ausgezeichnet worden. Sie erschien mit zwei großen Koffern, da sie darauf bestanden hatte, ihre Sachen mitzunehmen, weil sie befürchtete, sie würden sonst gestohlen.

Sie war ein schlankes, blondes Mädchen mit einem energischen, beinahe männlichen Gesicht. Da sie nun wußte, sie werde nicht erschossen, sagte sie bereitwillig aus, zumal, wie sie sagte, alles ohnedies überholt sei.

Die PAL war eine relativ kleine kommunistische Organisation, von der wir wenig wußten. Es interessierte mich, daß sie gemeinsam mit der AK am Aufstand teilgenommen hatte.

Als ich sie fragte, was sie sich von den Russen erhoffe, sagte sie: Befreiung. Auf meine Frage, ob sie denn ein kommunistisches Polen wolle, antwortete sie: Warum nicht? Ich bin ein Arbeiterkind.

Als in den nächsten Tagen klar wurde, daß der russische Großangriff schon in wenigen Tagen, Mitte Januar, beginnen würde, beschloß ich, alle entbehrlichen Sachen nach Lowitsch zu Grünbaum bringen zu lassen, das immerhin 60 Kilometer westlich von uns lag. Ich wollte im Notfall beweglich sein. Mit diesen Sachen sollten auch Lydias Koffer weggebracht werden.

Kurz nachdem ich den Befehl gegeben hatte, meldete die Wache aufgeregt, Lydia habe versucht, sich am Fensterkreuz zu erhängen. Sie sei im letzten Moment gerettet worden.

Ich ließ sie zu mir bringen. Sie zitterte und stand unter Schockeinwirkung. Wir legten sie auf mein Bett.

Als sie sich einigermaßen beruhigt hatte, fragte ich sie, was der Grund für ihren Selbstmordversuch gewesen sei. Es

stellte sich heraus, daß sie geglaubt hatte, sie werde an den SD ausgeliefert, weil man ihre Sachen abgeholt habe. Ich versicherte, daß das nicht der Fall sei und daß sie im Gegenteil zusammen mit ihren Sachen zu unserer Außenstelle nach Lowitsch fahren werde.
Als der Transport am nächsten Morgen abfahren sollte, thronte Lydia, schon wieder fröhlich, mit meinen Leuten auf dem offenen LKW. Es war kalt, und ich sah, daß sie in ihrem dünnen Mantel fror. Deshalb holte ich meinen warmen Wintermantel und reichte ihn ihr zusammen mit Fellhandschuhen hinauf.
»Sie geben mir Ihren Mantel?« fragte sie ungläubig.
Als der Wagen anfuhr, rief sie mir zu: »Haben Sie keine Angst, daß ich mit Ihrem Mantel abhaue?«

Rückzug zur Oder

Wenige Tage später, am 13. Januar, begann die russische Offensive. Am 15. rief Seebach an, ich solle spätestens am nächsten Tag abrücken. Nach bisheriger Planung war Posen als neuer Standort der Armee vorgesehen.
Es war ein trauriger Abschied von Maria und ihrer Mutter. Sie umarmte mich mit Tränen. Ich überließ ihnen das Pferd und die Kuh, die wir vom SD geerbt hatten als Startkapital in ein neues Leben. Sie wollten zu Verwandten aufs Land.
Dann rückten wir ab. Grünbaum war mit seinen Leuten schon am Tage vorher abgefahren. Einen jüdischen Schneider, den er sich von der Polizei ausgeliehen hatte, um die ramponierten Kleider seiner V-Leute ausbessern zu lassen, ließ er, ausgerüstet mit Geld und Lebensmitteln, gehen.

Am 18. erreichten wir einen kleinen Villenort zwischen dem kleinen Ort Görnau und Litzmannstadt (Lodz). Hier machten wir Quartier. Durch eine Abwehreinheit erfuhr ich, daß Grünbaum sich in Görnau befand und der Stab Korück im Stationsgebäude von Görnau seinen Standort hatte.
Zunächst fuhr ich zu Grünbaum und verabredete mit ihm, daß er am nächsten Tag zu uns in die Villenkolonie kommen sollte. Wir wollten dann zusammen weitermarschieren. Anschließend fuhr ich zum Korück. Seebach berichtete, daß sich der Armeestab in letzter Minute vor russischen Panzern habe retten können. Der Nachbararmee sei es ähnlich ergangen. Zwei Armeen fluteten praktisch ohne Führung zurück! Während ich noch bei ihm saß, rief eine Eisenbahneinheit an, es seien einige russische Panzer gesichtet worden. Seebach hielt das für unwahrscheinlich. So schnell konnte die Rote Armee unmöglich vorrücken. Immerhin wollte ich schnell zu meinen Leuten zurück.
Auf halbem Wege hörte ich hinter mir die typischen Abschüsse von Panzerkanonen. Russische Panzer beschossen die Straße! Aus Litzmannstadt kam mir eine voll besetzte Straßenbahn entgegen. Im Gegensatz zu Posen, wo die deutsche Bevölkerung evakuiert worden war, ahnte hier niemand etwas von der Lage. Die Parteifunktionäre hatten bis zuletzt behauptet, die Weichselfront werde gehalten.
Später stellte sich heraus, daß tatsächlich kleine Panzergruppen weit vor der Infanterie in unserem Hinterland herumfuhren und alles durcheinanderbrachten.
Als ich die Straßenbahn anhielt und dem Schaffner sagte, er solle sofort umkehren, weil russische Panzer die Straße gesperrt hätten, starrte er mich völlig entgeistert an.
Dann alarmierte ich einige kleinere Einheiten, die auch in der Villenkolonie Quartier gemacht hatten. Dabei stieß ich

auf eine Gruppe von Frauen und Kindern, die vor einem mit Möbeln beladenen Omnibus standen und mit einem Nazifunktionär verhandelten. Mit einer um den Hals gehängten Maschinenpistole sah er ziemlich lächerlich aus. Als ich fragte, worum es hier gehe, erklärte er, es seien Möbel eines hohen Funktionärs, die er abtransportieren müsse. Deshalb könne er die Frauen nicht mitnehmen.

Ich hatte Mühe mich zu beherrschen und befahl den Russen, die ich bei mir hatte, die Möbel aus dem Omnibus zu werfen. Als der Parteimann protestierte und nach seiner Maschinenpistole griff, fragte Bérkutow: »Snjatj jego, Gospodin Sonderführer? – Umlegen, Herr Sonderführer?«

Ich trat an den Mann heran und sagte: »Geben Sie Ihr Schießeisen her, sonst legen meine Russen Sie um.«

Ich diesem Moment kam ein leicht verwundeter, hoch dekorierter Feldwebel vorbei. Ich schrieb ihm einen Marschbefehl aus, befahl, die Frauen nach Posen zu bringen, gab ihm die Maschinenpistole des Funktionärs und sagte, er könne den Mann mitnehmen. Der Feldwebel grinste. Ihm machte die Sache offensichtlich Spaß. Der Zufall wollte es, daß ich den Feldwebel später in Posen traf. Er berichtete, daß die Frauen ins Reich evakuiert worden seien. Der Nazi sei auch gleich abgehauen.

Ich bereitete alles für den Abmarsch am nächsten Morgen vor. Was aber sollte ich mit den AK-Offizieren tun? Nahm ich sie mit, würde ich sie in Deutschland kaum mehr vor der Gestapo schützen können. Entließ ich sie, konnte es mich Kopf und Kragen kosten. Die Polen befanden sich in einem Zimmer im Hochparterre der Villa, wo wir Quartier gemacht hatten. Die Fenster gingen zum Garten. Ein Posten stand an der Vorderseite des Hauses.

Am Abend teilte ich ihnen mit, daß wir am nächsten Morgen

abrücken würden. Für sie gäbe es ja noch einiges zu tun im Kampf gegen die Kommunisten. Dann wünschte ich ihnen eine gute Nacht und reichte jedem von ihnen die Hand.

Natürlich hatten sie begriffen und waren am nächsten Tag verschwunden. So konnte ich melden, sie seien während des Rückzuges geflohen.

Diese Episode hatte dreißig Jahre später noch ein unerwartetes Nachspiel. Ein Ungern-Sternberg, Verwandter meiner Mutter, schrieb mir aus Helsinki, bei ihm sei ein polnischer Journalist namens Michalowski aufgetaucht, der ein Buch mit dem Titel: »Scarb krowawago Barona – Der Schatz des blutigen Barons« geschrieben habe. Er habe nach mir gefragt. Dem Brief lag ein Vorabdruck des Buches aus der polnischen Zeitung »Zycie Warszawy« vom April 1977 bei, in dem folgendes zu lesen war:

»Während des Warschauer Aufstandes war der bekannte Schriftsteller Ferdinand Ossendowski bei Freunden in Milanowek untergekommen. Nachts um zwei kam eines Tages mit abgeblendeten Lichtern der Chef des Gestapo-Nachrichtendienstes zu ihm und stellte sich als Ungern-Sternberg und Verwandter des Generals vor. Was sie geredet haben, ist nicht bekanntgeworden. Vermutlich wollte der Gestapomann von Ossendowski erfahren, wo Ungern seinen Goldschatz vergraben habe. Dieser Gestapomann hieß jedoch gar nicht Ungern-Sternberg, wohnte nach dem Kriege in Württemberg, wurde dann Mönch in einem spanischen Leprosorium, um seine Sünden zu büßen und ist auch da gestorben.«

Über soviel Phantasie war ich doch verblüfft und sandte der Redaktion einen Bericht über den wahren Sachverhalt, glaubte allerdings nicht, daß sie ihn drucken würde.

Zu meiner Überraschung brachte die Zeitung den vollen Wortlaut, schrieb jedoch dazu: »Ein gewöhnlicher Dolmetscher kann der Verfasser nicht gewesen sein, sonst hätte er nicht polnische AK-Offiziere vor der Gestapo retten können.«

Als zweite Überraschung erhielt ich kurz darauf einen Brief Romers, in dem er sich bedankte, daß ich ihm und seinen Freunden das Leben gerettet hätte. Er freue sich, daß auch ich am Leben geblieben sei. Im übrigen sei Romer nur sein Deckname gewesen, er heiße Ketling-Szemley und sei Jurist. Er könne nicht offen schreiben, es gehe ihm schlecht, und er könne nur sagen, daß er manchmal bedauere, nicht erschossen worden zu sein.

Schließlich mußten wir ohne Grünbaum abfahren. Wie ich erfuhr, waren die russischen Panzer in der Nacht ohne anzuhalten durch Görnau gebraust. Daraufhin war Grünbaum abgefahren, weil er befürchtete, daß die Straße gesperrt werden würde. Wir trafen uns erst wieder an der Oderfront.

Dort gab er mir meinen Wintermantel. Lydia hatte die Gelegenheit benutzt und war in der Nacht in Görnau verschwunden. Meinen Mantel hatte sie mit einem Zettel dagelassen. Auf ihm stand: »Sie werden verstehen, daß ich die Gelegenheit benutzen muß. Ihren Mantel lasse ich da. Da es sehr kalt ist, muß ich leider Ihre Handschuhe mitnehmen. Sollten Sie in Gefangenschaft geraten, berufen Sie sich auf mich. Ich werde dafür sorgen, daß man Sie ebenso gut behandelt, wie Sie mich behandelt haben. Danke! Alles Gute! Lydia.«

Am 21. Januar kamen wir in Posen an, wohin angeblich auch der Armeestab kommen sollte. Meine Verwandten waren zwei Tage vorher evakuiert worden. Da die Deutschen nur je drei Koffer hatten mitnehmen dürfen, waren die Wohnungen noch voll eingerichtet, und ich konnte so einige Tage sehr luxuriös mit meinen Leuten wohnen.

Jeden Tag meldete ich mich beim Ortskommandanten. Dort war jedoch über den Verbleib des Armeestabes nichts bekannt. Schließlich sagte mir der Kommandant, wenn ich noch herauskommen wolle, solle ich sofort abfahren. Die russischen Panzer hätten Posen schon fast umschlossen. Posen sei zum ›festen Platz‹ erklärt worden und müsse bis zum letzten Mann verteidigt werden. Ich konnte nur heraus, weil ich zum Armeestab gehörte.

Noch einige Male entgingen wir nur mit viel Glück den russischen Panzern, ehe wir bei Breslau den Armeestab fanden.

Als wir am Tage vorher bei einem Bauern übernachteten, erlebte ich ein weiteres Beispiel unsinniger NS-Poltik. Der Bauer hatte mich zum Abendessen eingeladen. Mir fiel dabei ein ungewöhnlich intelligent und gutaussehendes Mädchen auf, das zunächst beim Tischdecken half und sich dann an einen kleinen Tisch in der Ecke setzte. Als ich fragte, wer das sei, sagte die Bäuerin, das sei eine Polin, die ihr als Arbeitskraft zugewiesen worden sei. Es sei verboten, mit einer Polin an einem Tisch zu essen. Ich erklärte, daß das nun alles nicht mehr gelte und forderte das Mädchen auf, sich zu uns zu setzen. Es stellte sich heraus, daß sie Studentin in Warschau gewesen war. Als ich sie fragte, ob sie hier bleiben wolle, bis die Russen kämen, sagte sie, sie würde gern zu Verwandten in Breslau gehen, habe aber keinen Passierschein. Daraufhin erklärte ich mich bereit, sie mitzunehmen. Ich lieferte sie bei ihren Verwandten ab, und kurz darauf fanden wir endlich auch den Armeestab, mit dem wir über die Oder gingen.

IV
Oderfront

(Februar – April 1945)

Himmlers gefälschte Pfundnoten

Nachdem wir die Oder überschritten hatten, waren wir zunächst in Sicherheit. Ich suchte für uns ein Quartier und fand das kleine, von Wald umgebene Dorf Spechthausen in der Nähe von Eberswalde. Es hatte im wesentlichen von einer großen Papierfabrik gelebt, die seit kurzem stillgelegt worden war. Die Räume dieser Fabrik waren eine ideale Unterkunft für uns. Doch der Besitzer, Hankwitz, verweigerte uns zunächst den Zutritt mit der Begründung, es würden hier geheime Aufträge durchgeführt. Als ich darauf hinwies, daß nun die Armee hier zu befehlen habe und sich herausstellte, daß seine Frau Baltin war, mit der ich als Student getanzt hatte, ging alles glatt. Ich erfuhr dann auch, um welchen Geheimauftrag es sich gehandelt hatte. Auf Himmlers Befehl wurden große Mengen gefälschter englischer Pfundnoten hergestellt, »um die englische Währung zu zerrütten«. Tatsächlich waren diese Fälschungen so gut, daß die Engländer nach dem Kriege gezwungen waren, alle ihre Noten aus dem Verkehr zu ziehen.
Kaum hatten wir uns eingerichtet, als Lange die Frage aufwarf, ob mein Kommando hier in Deutschland überhaupt noch eine Existenzberechtigung habe. Er empfahl, meine Russen in ein Gefangenenlager zu überführen. Ich konnte auch diesen Vorstoß Langes abwenden, indem ich Berichte vorwies, die meine Russen mir aus Arbeitslagern brachten, in die ich sie eingeschleust hatte. Sie hatten sogar erfahren, daß deutsche Kommunisten ein Attentat auf Goebbels planten.

Auf Befehl des Generals Bernhard blieb dann alles beim alten.
Von Spechthausen aus fuhr ich einige Male nach Berlin. Meine Wohnung war noch intakt, und ich benutzte die Gelegenheit, um einige Wertsachen zu einer alten Freundin aus Studententagen, Ita Baumann, zu bringen, die in einem weniger gefährdeten Villenvorort lebte. Sie hatte den Syndikus der Maizenawerke in Hamburg geheiratet, der im Krieg Verbindungsoffizier zum belgischen Rexistenführer Degrelle geworden war.
Als ich bei ihr saß, erschien unvermutet Degrelle in Uniform mit Ritterkreuz. Er kam von einer Unterredung mit Ribbentrop, der ihm eröffnet hatte, der Krieg sei verloren, er solle sich absetzen.
Degrelle hatte als junger Anwalt die Führung der Rexisten übernommen und sich begeistert dem Feldzug gegen das kommunistische Rußland angeschlossen, weil er von einem friedlichen vereinigten Europa träumte. Seine belgische Freiwilligeneinheit hatte tapfer an der Ostfront gekämpft. Von Hitlers wahren Absichten hatte er zu Beginn keine Ahnung. Jetzt war er verbittert und enttäuscht. Hätte er gewußt, was Hitler wirklich vorhatte, wäre er nie mit ihm gegangen, sagte er. Wenig später gelang es ihm, mit einem Segelboot Spanien zu erreichen, wo er heute noch lebt.
Ita Baumann wurde nach dem Kriege unter dem Pseudonym Ita Maxímowna eine weltberühmte Bühnenbildnerin. Sie starb 1988 in Berlin.
Während unsere Armee noch an der Oder gegen die Russen kämpfte, erfuhr ich, daß die Amerikaner Thüringen und damit das Gut Seebachs besetzt hatten. Ich konnte nur hoffen, daß meinen Kindern nichts passiert war.
In diesen Tagen kam der Armeestab auf die Idee, mir das

Kriegsverdienstkreuz I. Klasse mit Schwertern zu verleihen. Vor zwei Jahren, als ich immerhin noch auf eine Wende hoffte, hätte mich das gefreut; jetzt schien es mir ziemlich sinnlos.

Obwohl im Hintergrund der endgültige Zusammenbruch drohte und niemand von uns wußte, ob er ihn überleben würde, erlebten wir doch ganz bewußt diese letzten ruhigen Wochen. Es gab gute Gespräche mit Freunden, auch Zeit für ein gutes Buch.

Fürst Eulenburg – Bomben auf Bad Oldesloe

Am 15. April 1945 begann der Großangriff der Roten Armee. Es war klar, daß die Front nicht lange gehalten werden konnte. Ich erhielt Befehl, die Russen meines Kommandos auf Gütern in Mecklenburg zu verteilen. Dazu hatte ich für sie vom Winterhilfswerk Zivilkleidung beschafft und Dokumente, wonach sie Zwangsarbeiter waren, um sie vor einer eventuellen Auslieferung durch die Westmächte zu bewahren. Auch wir Deutsche hatten uns Zivilkleider beschafft. Außerdem hatte ich den Bürgermeister des Dorfes veranlaßt, uns Kennkarten auszustellen, da wir als Wehrmachtsangehörige nur Soldbücher besaßen. Dieser Einfall bewahrte uns dann vor der Gefangenschaft.

In diesen Tagen erschien bei mir der Inspektor Riedel eines in der Nähe liegenden Gutes, dessen Besitzer, von Kappherr, ein bekannter Jagdschriftsteller war. Riedel war für den Volkssturm vorgesehen, Kappherr war schon in den Westen gefahren. Riedel wollte verständlicherweise auch nicht als Kanonenfutter dienen und fragte, ob ich ihn nicht mitnehmen könne. Er würde einen Trecker mit Anhänger zur Verfügung stellen. Da mich auch einige Frauen baten, sie mit ihren Kindern mitzunehmen, erreichte ich über die Armee die Freistellung von Riedel und nahm ihn mit.

Außerdem nahm ich einen Zigeuner mit. Das hatte einen besonderen Grund. Da ich Ortskommandant des Dorfes war, brachte mir die Polizei einen Mann, der ohne Ausweis aufgegriffen worden war. Als ich ihn vernahm, merkte ich, daß er vor Angst zitterte. Er sagte, er habe seinen Ausweis zu Hause vergessen. Es war klar, daß er log. Ich erklärte, er sei hier nicht bei der Gestapo und könne ruhig sagen, was los sei. Darauf berichtete er unter Tränen, er sei bei einem Bombenangriff aus dem KZ entflohen. Auf meine Frage, warum er ins KZ gekommen sei, sagte er, er sei Zigeuner. Ich glaubte ihm zunächst nicht, weil ich keine Ahnung davon hatte, daß auch Zigeuner ins KZ eingewiesen wurden. Doch er zeigte mir auf seinem Arm die Tätowierung Z für Zigeuner. Dabei sei nur seine Mutter Zigeunerin. Ich sagte, er soll in der Küche helfen und schweigen. Das war der Grund, warum ich ihn mitnahm.

Unterwegs nach Mecklenburg suchte ich nach einem geeigneten Nachtquartier und kam zufällig zum Schloß Liebenberg des Fürsten Eulenburg, Sohn des berühmten Philipp Eulenburg, des Freundes Kaiser Wilhelms II.

Zu meinem Erstaunen fand ich den Fürsten noch vor, bat um Unterkunft für eine Nacht und fragte, warum er noch hier sei. Er sagte, er wolle seine Gefolgschaft nicht im Stich lassen und außerdem habe er keine Genehmigung zur Abreise. Ich riet, die Gefolgschaft im Treck über die nahe Elbe zu schicken und erklärte mich bereit, ihn mitzunehmen. Es wäre keinem damit gedient, wenn die Russen ihn umbrächten oder nach Sibirien verschleppten. Das Schloß enthielt unschätzbare Werte: echte Gemälde, Teppiche, altes Silber, Porzellan. Auf meine Frage, warum er die wertvollsten Dinge nicht in den Westen ausgelagert habe, erwiderte er, niemand habe damit gerechnet, daß die Russen bis hierher kommen würden. Über soviel Naivität konnte ich mich nur wundern. So konnte er nur sechs Koffer mitnehmen; mehr konnte ich nicht unterbringen. Ich nahm also den Fürsten, die Fürstin und seinen Bruder mit, der sich besuchsweise in Liebenberg aufhielt, während seine Frau und Tochter in Holstein waren.

Als wir nach Schwerin kamen, stellte ich fest, daß die Russen mit großer Wahrscheinlichkeit auch Mecklenburg besetzen würden. Also beschloß ich, weiter nach Holstein zu fahren und ergänzte entsprechend meinen Marschbefehl, eine damals nicht ungefährliche Sache.

Immer wieder von englischen Tieffliegern belästigt, kamen wir schließlich nach Bad Oldesloe. Hier wollte ich unter den Bäumen einer Anlage die Dunkelheit abwarten, weil die Tiefflieger uns nervös machten.

Es war eine falsche Entscheidung. Eine Stunde nach unserer Ankunft gab es Fliegeralarm. Wir gerieten in den einzigen Großangriff der Engländer auf diese Stadt. Es grenzt an an ein Wunder, daß wir nur einen Mann verloren, den Russen Panassénko, der etwas abseits in einen Splittergraben gekrochen war. Von ihm fanden wir nichts mehr. Da war nur noch ein großer Trichter.

Es gab mehr als tausend Tote und viele Verwundete, darunter Frauen und Kinder. Die meisten meiner Leute waren in einen alten Bierkeller gegangen. Nur der Fürst und seine Frau hatten sich in einen Splittergraben geduckt. Als es zu Ende war, sahen wir schreckliche Bilder: Tote, Sterbende, Verwundete. Von achtzig Wehrmachtshelferinnen auf dem

Bahnhof lebten nur noch dreißig. Nie werde ich den Anblick einer jungen Frau vergessen, die vor einem kleinen, bis auf den Grund zerstörten Haus stand, sich aus Verzweiflung buchstäblich die Haare raufte und bat: Sehen Sie doch bitte nach, ob nicht wenigstens eines meiner drei Kinder noch lebt. Wir konnten ohne Geräte nichts tun, doch auch die Feuerwehr, die wir holten, konnte nur noch feststellen, daß sich unter den Trümmern nichts Lebendes mehr befand.

Bis zum Abend waren wir damit beschäftigt, Verwundete in das glücklicherweise heil gebliebene Krankenhaus zu transportieren. Dann fuhren wir zum Gut Kaden des Grafen Platen, wo sich Frau und Tochter des Bruders des Fürsten befanden.

Auch für mich war das eine gute Lösung. Auf dem großen Gut konnte ich meine Russen unterbringen.

Am nächsten Tag stellte ich Funkverbindung zur Armee her, die mich noch in Schwerin vermutete, und meldete, daß meine Fahrzeuge durch Flieger beschädigt seien und ich achtundvierzig Stunden für die Reparatur brauche. In dieser Zeit, so hoffte ich, würden die Engländer nach Lübeck vorstoßen und mir den Rückweg abschneiden. Lange befahl zwar, ich solle nach Unterbringung der Russen zurückkommen, aber das würde ich auf keinen Fall tun.

Jetzt galt es nur noch, der Gefangenschaft durch die Engländer zu entgehen.

Kapitulation

Als die Engländer sich von Hamburg aus näherten, das kampflos aufgegeben worden war, fuhr ich mit den Deutschen des Kommandos in den Segeberger Forst, den einzigen größeren Wald Holsteins. Dort wollten wir die Kapitulation abwarten. Ich nahm auch den Zigeuner mit, damit er nicht etwa in letzter Stunde von einem übereifrigen Gendarmen geschnappt werden konnte.

Der Aufenthalt im Wald war nicht erfreulich. Es war kalt und nieselte ununterbrochen. Ich mußte unbequem im Volkswagen übernachten, die anderen im LKW. Nach fünf Tagen schließlich, am 7. Mai, wurde die Kapitulation verkündet.

Ich schrieb meinen Leuten rückdatierte Entlassungsscheine »in die Industrie« aus, was zusammen mit den Kennkarten genügte, um keinen in Gefangenschaft geraten zu lassen. Dann vergruben wir unsere Waffen und Uniformen und zogen Zivil an. Jeder ging von da aus in seine Heimatstadt. Nur Timinski, der in Polen gewohnt hatte, blieb in Kaden. Er und Ljuba erhielten auf dem Gut Arbeit, heirateten später und leben noch heute dort.

Bei einem Förster tauschte ich meine Wehrmachtsschreibmaschine gegen ein Fahrrad um und fuhr nach Kaden zurück.

Der Zigeuner verabschiedete sich mit überschwenglicher Dankbarkeit. Wie ich später hörte, ist er kurz nach meiner Abfahrt mit einem englischen Offizier in Kaden erschienen, der mir wegen meiner ›guten Tat‹ die Entlassung aus der Gefangenschaft und meine politische Integrität bescheinigen wollte. Das hätte mir viel Sorgen und Ängste erspart, die ich noch vor mir hatte, ehe es mir gelang, mich zu meinen Kindern durchzuschlagen und mit ihnen vor den Russen nach Hessen zu entkommen.

Als wir uns dem Gut näherten, kam mir der Gutsinspektor entgegen und rief aufgeregt, sofort zu verschwinden. Die Russen seien nun die Sieger und würden mich ausliefern. Der gute Mann konnte sich wohl nichts anderes vorstellen.

In diesem Moment kam Bérkutow angelaufen und rief: »Gospodin Sonderführer! Wir haben ein Lager mit Ölsardinen gefunden! Wir haben gleich zehn Kisten für Sie beiseite gestellt!«

Nun kamen sie alle und fragten, was sie tun sollten. Jetzt konnte auch ich nicht mehr raten. Ich hatte gehört, daß Ukrainer aus Galizien, der polnischen Ukraine, nicht ausgeliefert würden. Wer also nicht in die Sowjetunion zurück wollte, mußte das angeben. Bérkutow, der zu Hause eine Frau und vier Kinder hatte, wollte nach Hause. Da er die Bescheinigung als Zwangsarbeiter hatte, würde ihm wohl nicht viel passieren. Die meisten aber wollten nicht zurück und wanderten später nach England, die USA und Australien aus. Jahrelang hatte ich noch Briefkontakt mit ihnen.

Ich aber mußte zu meinen Kindern nach Thüringen. Es wurde ein bewegender Abschied.

Drei Jahre lang hatten wir zusammengehalten, hatten diesen Krieg mit Hoffnungen und Enttäuschungen gemeinsam erlebt.

Als ich endlich losfuhr, winkten sie mir nach, bis ich ihren Blicken entschwand.

Ein Abschnitt meines Lebens war zu Ende, der mich sehr berührt, auch geprägt hat, und den ich nie vergessen werde.

Nachwort

In den letzten Tagen hatte ich vergeblich versucht, bei einer englischen Kommandantur ein Permit für die Fahrt nach Thüringen zu erhalten. Erschwerend kam hinzu, daß ich kein Englisch konnte. Im Gymnasium hatte ich Griechisch, Latein, Französisch, Russisch und Lettisch gelernt, nur kein Englisch. Deshalb stellte mir der Fürst eine Art Bescheinigung in Englisch und Deutsch aus, daß ich weder in der Partei noch in der SS gewesen sei und als Landwirt zu meinem Gut in Thüringen wollte. Ich hatte gehört, daß die Engländer Landwirte entließen.
So ausgerüstet fuhr ich los.
Die erste Schwierigkeit war der Übergang über die Elbe, die streng kontrolliert wurde, weil man Himmler suchte. Ich erfuhr, daß von Blankenese nach Kranz ein Dampfer fuhr. Es wurden jedoch nur Fahrkarten für Bewohner der anderen Seite ausgegeben. Darauf sagte ich, daß ich nur zu einer ärztlichen Untersuchung hinüber müsse und verlangte eine Rückfahrkarte. Zu meinem Erstaunen erhielt ich sie.
Drüben war ich also. Zunächst ging alles glatt. Ich überholte viele Leidensgenossen. Einzeln und in Gruppen, in den abenteuerlichsten Verkleidungen, zum Teil mit Verbänden ohne Wunden, versuchten sie zu den Ihren zu kommen. Keiner wollte in Gefangenschaft. Doch die Engländer hatten an Kreuzungen und anderen ›strategischen Punkten‹ Kommandos eingesetzt, die alle unnachsichtig aufgriffen, die keine ordentlichen Entlassungspapiere hatten.
Leichtsinnig geworden durch den glatten Übergang über die

Elbe, sauste ich in beachtlichem Tempo um die Kurve und mußte stoppen, weil ein Panzerspähwagen die Straße sperrte. Ein Feldwebel dirigierte alle Landser in den großen Hof eines Anwesens. Dort sah ich einen Colonel. Aus meiner militärischen Praxis wußte ich, daß es immer besser war, mit hohen Offizieren zu verhandeln als mit subalternen, die keine eigenen Entscheidungen treffen können. Also ging ich an dem Feldwebel vorbei zum Colonel und fragte: »Sprechen Sie deutsch?« Zu meiner Überraschung und zu meinem Glück sagte er: »Ja.«

Ich gab ihm meinen Schrieb und meine Kennkarte und sagte, ich wolle auf mein Gut nach Thüringen. Der Colonel las das Papier, sah mich prüfend an und sagte: »Sie waren doch Offizier?«

»Ja«, gab ich zu. »Nur wurde ich vor einem halben Jahr in die Industrie entlassen. Deshalb die Kennkarte. Ein Offizier hat ein Soldbuch.« Mein Soldbuch hatte ich im Schuh, für den Fall, daß man mich für einen Nazi hielt. Dann war Soldbuch besser.

»Haben Sie einen Entlassungsschein?« fragte der Colonel.

»In Eberswalde. Die Russen kamen, wie Sie wissen, sehr schnell. Ich konnte nicht mehr in meine Wohnung und mußte, so wie ich war, flüchten.«

Der Colonel schien zu überlegen, dann sagte er: »Geben Sie mir Ihr Wort als Offizier, daß Sie nicht in der Partei oder in der SS waren und daß Sie keine Waffe haben.«

Ich atmete erleichtert auf. Ich war an einen Gentleman geraten! »Natürlich«, erwiderte ich, »Sie haben mein Wort.«

Darauf riß er ein Blatt aus einem Notizblock, schrieb seinen Namen, eine Nummer und ein großes OK drauf und gab es mir. »Sie können passieren.«

Ich bedankte mich, bestieg mein Fahrrad und sauste los. Zwar hatte ich wieder keinen Stempel, aber es war besser als gar nichts. An der nächsten Sperre zeigte ich mein Papier und wurde anstandslos durchgelassen. So ging das weiter. Offenbar war ich an den Obersten aller Streifen geraten.

Nun fuhr ich in hohem Tempo die für alle Zivilisten gesperrte Hauptstraße nach Hannover entlang.

Und plötzlich merkte ich, daß ich sang. Jetzt erst begriff ich ganz: Der Krieg war vorbei, meine Kinder lebten, ich lebte, alles andere war unwichtig.

Dann aber, kurz vor Hannover, sah ich schon Hunderte an der Straße sitzen, und neben einem Wagen stand ein martialisch aussehender Feldwebel mit aufgezwirbeltem Schnurrbart und einem Stöckchen in der Hand.

Ihn beeindruckte mein Zettel nicht. »Nix stamp«, sagte er und machte ein Zeichen, ich solle mich zu den anderen setzen.

Mich packte die Wut. »Interpreter!« verlangte ich. Das Wort hatte ich mir immerhin gemerkt.

Darauf winkte der Feldwebel einen deutschen Oberleutnant heran. Dem erklärte ich die Situation und sagte zum Abschluß, es sei eine reine Schikane, wenn er mich festhalte. Es bestünde eine Anordnung, alle Landwirte zu entlassen.

Der Feldwebel sah mich mit schmalen Augen an und sagte, ich solle zum Kommandanten. Der sei im Dorf.

Das Dorf war etwa zwei Kilometer entfernt. Es erübrigt sich zu sagen, daß ich natürlich nicht zum Kommandanten ging, sondern mich seitwärts über die Felder davonmachte, sobald ich außer Sichtweite war.

Ich kam an einen Bauernhof und bat um ein Glas Milch für eine Dose Ölsardinen. Ich hatte für alle Fälle den Rucksack voller Ölsardinen mitgenommen.

Der Bauer fragte erstaunt, wieso ich ein Fahrrad hätte. Die Polen und Russen, die jetzt befreiten Zwangsarbeiter, requirierten jedes Fahrrad.
Was tun? Der Bauern, den meine Ölsardinen freundlich gestimmt hatten, riet, bei ihm zu übernachten und dann am frühen Morgen, wenn die Polen noch schliefen, um Hannover herum zu fahren.
Das tat ich und befand mich nun in der amerikanischen Zone. Ich beschloß, alle Orte zu umgehen, in denen Amerikaner stationiert waren. Von Entgegenkommenden erfuhr ich, daß sie nach der Ermordung eines Generals besonders streng kontrollierten und jeden ins Lager sperrten, der nicht einwandfreie Papiere hatte.
Allmählich wurde die Gegend hügeliger, und es wurde mühsam, mit Fahrrad und schwerem Rucksack im Wald die Orte zu umgehen.
Einmal wäre ich mein Fahrrad beinahe losgeworden. Mir kamen drei Arbeiter entgegen, die mich anhielten. »Du nix Fahrrad!« sagte der eine. Das waren Russen. Ich fuhr sie auf russisch an, was ihnen einfiele, ich hätte vielen von ihnen das Leben gerettet. Sie waren völlig verblüfft, daß ich russisch sprach und fragten: »Atkuda ty?« Woher bist du? Ich erklärte ihnen kurz, was ich in Rußland getan hatte und fragte, ob sie nun zu Stalin zurück wollten. Ja, sagten sie, Stalin ist schlecht, aber was sollen wir machen? Unsere Familien sind dort. Ich sagte, da sie zur Zwangsarbeit mobilisiert worden seien, werde ihnen wahrscheinlich nicht viel passieren und wünschte ihnen alles Gute. Darauf schüttelten sie mir die Hand, klopften mir auf die Schulter und sagten: »S bogom!« Mit Gott! Mein Fahrrad konnte ich behalten.
Ich brauchte immerhin sechs Tage, ehe ich endlich das Gut Seebachs vor mir liegen sah. Ich traf den Gutsinspektor auf

dem Feld und fragte, ob meine Kinder da wären und ob Amerikaner im Dorf seien. Meinen Kindern ging es gut, und Amerikaner waren keine da. So fuhr ich zügig ins Dorf und wäre beinahe noch im letzten Moment geschnappt worden: In einem Hauseingang stand ein Amerikaner und umarmte ein Mädchen. Ehe er mich erblickt hatte, bog ich ab und erreichte endlich auf einem Umweg das Schloß.

Im Vorraum hörte ich schon die Kinderstimmen im Eßzimmer. Sie saßen beim Abendessen. Als ich die Tür öffnete, starrten mich alle einen Moment sprachlos an. Meine zehnjährige Tochter sprang als erste auf und fiel mir um den Hals.

Frau von Seebach fragte mich natürlich nach ihrem Mann, aber ich wußte damals noch nichts von ihm.

Als erstes brauchte ich einen Ausweis, der mich besser schützte als meine Kennkarte. Ich ging zum Bürgermeister des Dorfes, der mir, da er Seebach als Antinazi kannte, einen Ausweis mit Fingerabdruck, aber ohne Foto ausstellte.

Nachdem ich mich ein paar Tage erholt hatte, fuhr ich nach Ilmenau, wo mein Bruder wohnte. Dort fand ich alle wohlauf. Da man erfahren hatte, daß die 9. Armee von den Russen aufgerieben worden war, hatten sie nicht mehr damit gerechnet, mich lebend wiederzusehen.

Meine Schwägerin, die Ärztin war, hatte schon eine Fahrgenehmigung für ihr Auto im Umkreis von 50 Kilometern. Die verdankte sie einem Papier, das ihr mit Hunderten von Unterschriften bestätigte, sie hätte unter Lebensgefahr den Zwangsarbeitern geholfen, Medikamente gebracht und Abtreibungen vorgenommen.

Inzwischen gab es Gerüchte, daß die Russen auch Thüringen besetzen würden. Das wurde von den Amerikanern abgestritten. Auf der Rückfahrt nach Großfahner hörte ich in einem Dorf eine Gruppe von Leuten lettisch sprechen. Von ihnen erfuhr ich, daß tatsächlich am 1. Juli die Amerikaner abziehen würden und alle Letten deshalb in den Westen gebracht werden sollten.

Natürlich mußte auch ich weg. Wenn die Russen mich geschnappt hätten, wäre ich mit Sicherheit trotz meiner ›guten Taten‹ bestenfalls für Jahre in einem KZ verschwunden.

Allein konnte ich irgendwie über die Zonengrenze kommen, aber ich wollte meine Kinder nicht im Stich lassen.

So beschloß ich, zunächst zu meinem Freund Gerd Puritz zu fahren, der sich bei Kassel auf dem Gut Falkenhausen der Familie Henschel aufhielt. Er hatte als Fliegeroffizier ein Bein verloren. Seine Frau war Engländerin und seine Mutter die berühmte Sängerin Elisabeth Schumann, die in zweiter Ehe einen Amerikaner geheiratet hatte. Ich hoffte, durch seine Beziehungen ein Permit zu bekommen. Außerdem wollte ich feststellen, ob ich meine Kinder fürs erste dort unterbringen konnte.

Bei strömendem Regen machte ich mich mit meinem Fahrrad auf den Weg. Mehrmals wurde ich von amerikanischen Kontrollen zurückgeschickt, umging sie und beschloß, kurz vor der Zonengrenze, völlig durchnäßt und erschöpft, bei einem Bauern zu übernachten.

Als der hörte, wo ich hinwollte, riet er dringend ab. Drüben befanden sich belgische Einheiten, die jeden ins Bergwerk schickten, der keine gültigen Papiere hatte.

Was tun? Hier die Russen, dort die Belgier. Es schien eine ausweglose Lage. Blieb nur noch, alles auf eine Karte zu setzen und dem amerikanischen Kommandanten meine ›Vergangenheit‹ offenzulegen. Vielleicht würden ihn meine

Erkenntnisse über die verfehlte deutsche Ostpolitik interessieren.
Mein Gastgeber warnte mich vor dem Kommandanten in Eisenach. Er sei ein Deutschenhasser und lasse die Gefangenen im Regen auf freiem Feld verkommen. Er habe aber gehört, daß ein Kommandant in Mihla, zehn Kilometer nördlich, Passierscheine ausstelle.
Schon um sechs Uhr morgens machte ich mich auf den Weg, um gleich als erster empfangen zu werden.
Mich empfing ein jüdischer Major, der eine deutsche Studentin als Dolmetscherin beschäftigte. Er hörte mich interessiert an und stellte mir anstandslos ein Permit aus.
Ich dankte meinem Schicksal, das mir schon mehrmals in diesem Krieg in scheinbar hoffnungsloser Lage gnädig gewesen war.
Frau von Seebach konnte es noch nicht fassen, daß die Russen auch nach Thüringen kommen würden. Ich riet ihr, alle Wertsachen in die Stadtwohnung zu ihren Eltern zu bringen. Tatsächlich wurde sie dann mit ihren Kindern aus dem Schloß gejagt und mußte einige Jahre in der kleinen Wohnung kampieren, ehe es ihr gelang, zu ihrem Mann in den Westen zu fahren. Das schöne alte Schloß wurde auf Befehl der neuen Machthaber dem Erdboden gleich gemacht und das Gut in ein Kollektiv verwandelt.
Ich bat meinen Bruder, zunächst meine Sachen nach Göttingen zu bringen, wo wir Verwandte hatten. Da die Fahrerlaubnis nur im Umkreis von 50 Kilometern galt, tippte ich eine 1 davor. Das langte bis Göttingen. Ohne Zwischenfall fuhren wir hin und zurück.
Nun wurde es hohe Zeit für mich. Es war der 30. Juni, und am 1. Juli sollten die Russen Thüringen übernehmen.
In den kleinen Sport-DKW zwängten sich vorne mein Bru-

der, das Kindermädchen und die Kinder. Ich thronte auf dem vollgepackten Hintersitz. Jeder konnte sehen, daß hier kein Arzt fuhr. Ich war deshalb etwas besorgt, zumal neben dem Amerikaner schon ein russischer NKWD-Offizier stand, der uns mißtrauisch musterte. Doch der Amerikaner ließ uns passieren.

Wir waren in Sicherheit! Alles, was noch kommen konnte, war nichts gegenüber der Gefahr, in russische Hände zu geraten.

Mein Bruder fuhr wieder zurück. Da er politisch nicht belastet war und seine Frau ihre Eltern nicht verlassen wollte, beschloß er zu bleiben.

Bald merkte ich, daß nach so einem Krieg nichts mehr so ist, wie es früher war. Man lebt bewußter, betrachtet vieles nicht mehr als selbstverständlich, und nur wenige Dinge sind noch wichtig.

Anhang

(Dokumente, Personen- und Ortsregister)

Clawdia

Fragmente aus dem Tagebuch einer jungen Russin

August 41

Nun haben wir schon seit Wochen Brjansk verlassen, das liebe alte Haus, die gewohnte Umgebung. Ich sitzte in einer dumpfen Bauernhütte und bin traurig. . . und denke zurück.
Der 22.Juni,der Tag an dem alles mit einem Schlag anders wurde, finster,drohend,undurchsichtig.
Deutschland hat uns überfallen.Mein erster Gedanke galt Jewgenij.Was wird,wenn er einberufen wird?
Die nächsten Tage gingen hin mit Probealarmen,Gerüchten.
Die Abende waren wunderbar und wir sassen oft bis in die Nachthinein auf der Veranda.Aber keinen Moment vergass ich die innere Unruhe der Seele,die alles vergiftete.
Und dann kamen die ersten deutschen Flugzeuge.Unsere Fenster flogen heraus,sonst passierte uns nichts,aber ich werde den Schrecken dieser ersten Bombennacht nie vergessen.
Fünf Tage später kamen sie noch einmal.Rings um uns detonierten die Bomben,sodass wir nicht mehr glaubten,lebend davon zu kommen.Dann,als es vorbei war,ein grausiges Bild,[redacted] ein riesiges Flammenmeer. Am 11.verliessen wir Brjansk.

26.August

Warme,duftende Sommertage.Der Wald steht dicht vor meinem Haus.Er ist uralt und ehrwürdig.Hohl rauschen die Wipfel.
Die Äste knarren leise,als flüsterten sie miteinander.Fern bellt ein Hund,eine Har-monika spielt eine traurige Weise und es duftet,duftet...
Und ich bin allein - Ich kann nicht schlafen. Was bringt die Zukunft?Was kann sie noch bringen?Und immer die Erinnerungen, das Heimweh.Ewgenij kam für einen Tag. Als Arzt wird er vorerst nicht einberufen . Er kann weiter im Krankenhaus arbeiten.
Aber wie lange?Alles ist ungewiss, die Zukunft,mein Studium.-

21.September

Herbst.Graue Wolken ziehen ihren schmutzigen Vorhang vor das Blau des Himmels, wie meine traurigen Gedanken alle Hoffnung und den Blick auf die Zukunft verdecken.
In den Nächten vermischt sich mit dem Heulen des Windes schon zuweilen das ferne Grollen der Geschütze und erfüllt das Herz mit kaltem Schrecken.
Das Zusammenleben mit den anderen in der kleinen,dumpfen Bauernstube wird zur Qual.
Dieser Krieg!Ein Meer von Blut,Tränen und Verdammnis.Immer wenn ich die Einschläge der Bomben höre,denke ich,es könnte in Brjansk sein,wo Jewgenij ist.Nimmt das jemals ein Ende?
Ohne Vater und Mutter und nun vielleicht auch ohne ihn? ...

31.Oktober

Lange habe ich nicht geschrieben.Inzwischen sind die Deutschen gekommen. Ich wusste nicht,was ich tun sollte.Unwillkürlich malte ich mir im Geist all die Greuel aus,die in den Zeitungen über die Deutschen berichtet wurden.Ich hatte Angst, schreckliche Angst.Ich sass am Fenster.Und plötzlich kamen sie.
Einige Motorräder und ein Panzer.Zum ersten Mal sah ich das schwarze Kreuz mit weisser Umrandung.Dann klopfte es.Fremde, deutsche Worte forderten Einlass.Die Grossmutter ging öffnen.

Ich aber floh aus dem Haus und verkroch mich in der Scheune. Als die Deutschen auch dorthin kamen, um Heu zu holen, lief ich in den Garten und versteckte mich im Gebüsch. Schliesslich rief mich die Grossmutter und sagte, die Deutschen seien garnicht so, wie man sie geschildert habe.
Da sass ein Offizier mit einem Unteroffizier, der mich höflich begrüsste. Ich bedauerte, dass ich in der Schule in den Deutschstunde so faul gewesen war. Immerhin, ich konnte mich einigermassen verständigen und der Offizier sagte, er sei froh, dass er sich nun besser verständlich machen könne. Er sah gut aus. Seine Manieren, seine Art zu sprechen, waren für mich etwas ganz Neues. Er machte mir sogar ein wenig den Hof.
Er kam nun jeden Tag zum Tee trinken. Er war immer höflich und nett. Er machte auf mich einen verzüglichen Eindruck.
Nach einer Woche kam er zum letzten Mal, um sich zu verabschieden. Er machte ein ganz trauriges Gesicht. Hoffentlich überlebt er den Krieg, dachte ich.

<u>29. Dezember</u>

Wieder in Brjansk. Seit November sind wir wieder hier. Darüber, dass wir mehr oder weniger hungern, lohnt sich nicht zu schreiben. Es wird schon besser werden. Jetzt ist alles ruhig. Die Deutschen haben in einer Kesselschlacht das ganze Gebiet schnell eingenommen. Jewgenij arbeitet weiter im Krankenhaus. Das Leben geht weiter. Es gibt wieder Hoffnung. Jewgenij, der in Moskau studiert und gelebt hat, der mit den Kindern der 'Grossen' zusammen studiert hat, mit der Tochter von Kalinin und Litwinow und der Frau von Budjonny, erzählte von dieser Zeit und zum ersten Mal hörte ich von den Untaten Stalins.
Der Kreis, in dem er jetzt verkehrt, sind junge intelligente Leute, zum Teil Menschen, die in Deutschland gelebt haben und hergekommen sind, um mit uns ein neues Russland aufzubauen, wenn Stalin gestürzt ist.
Wir verkehren jetzt auch viel mit Deutschen. Ich spreche jetzt die Sprache schon ganz gut und Jewgenij hat in der Schule offenbar mehr gelernt als ich.

<u>22. Juni</u>

Heute vor einem Jahr war das ein Tag des Unglücks, aber heute, heute bin ich glücklich. Wir sind oft im Kreis der Kameraden von Jewgenij zusammen. Er spielt wunderbar Klavier und wir tanzen dann. Es wird viel geredet von der Zukunft, von einem neuen Russland ohne Terror. Gott gebe, dass es dazu kommt.
Mein Vater wurde ja auch verhaftet, ohne jeden Grund und wir haben nie wieder etwas von ihm gehört.
In den Gesprächen mit Jewgenij merke ich, wie unvollkommen noch meine Allgemeinbildung ist. Schon immer war in mir der Drang, zu studieren, eine höhere Ausbildung zu bekommen, aber wird es jetzt noch dazu kommen und wann? Ach, es hat keinen Sinn, zu grübeln. Man muss seinem Schicksal vertrauen. Wenn nur dieser Krieg bald zu Ende geht! –

Von nun an ging es ohne Feindberührung und ohne Fliegerangriffe zügig weiter nach Westen.Dan kam der Befehl,nach Arys in Ostpreussen zu gehen.Dort hatten wir zwei geruhsame Wochen,ehe wir erfuhren,dass wir nach Warschau sollten.
Der Armeestab hatte indessen in Radom Quartier gemacht.

Beschwerde über SD- und Wirtschaftsfunktionäre

Olt.Schuster
Pz PK 693 über Korück 532 lo 2.11.42

Herrn Sdf.(Z) Steenberg

Nachstehend der Inhalt zweier Gespräche, die mir für Ihre Arbeit von Bedeutung erscheinen:

Am 3o.1o.42 befragte ich mich beim Kreislandwirt des Bezirks Brjansk,Kriegsverwaltungsrat Dr.Schneider,über die Ernährungslage und die Höhe der Abgaben der Bevölkerung,da mir dies propagandistisch wichtig war.Ich wies darauf hin,dass mir sein Stellvertreter,Sdf.Bannert,eben erzählt habe,dass die Abgaben in den Bandengefährteten Rayons durchweg über der Leistungskraft der Bevölkerung festgesetzt seien.Obwohl er schon in etwa dreissig Meldungen darauf hingewiesen habe,sei nichts darauf erfolgt.

KVRt.Dr.Schneider erklärte darauf:

Die Angaben sind im Frühjahr auf Grund der damals gemeldeten Anbauflächen überschlägig berechnet und für die einzelnen Gebiete festgesetzt worden.Dabei ist eine Durchschnittsernte zugrunde gelegt worden.Jedoch ist infolge der Bandentätigkeit sehr grosser Ausfall dadurch entstanden,dass entweder die Bestellung unterblieb oder die Dörfer verbrannt oder evakuiert wurden oder die Banden die Ernte plünderten.Es wird jedoch an den einmal festgesetzten Zahlen festgehalten,sodass manchmal mehr abgegeben werden soll,als überhaupt noch vorhanden ist.

Dieser Druck ist anscheinend deshalb so stark,weil man sich höheren Ortes auf viel zu rosige Zahlen festgelegt hat und nun nicht dahinter zurückbleiben will.

Vor vier Wochen etwa sei beim Kreislandwirt ein Zivilist aus Berlin erschienen,der sich als Beauftragter der Ostfaser-Gesellschaft vorstellte. Er solle 75 Tonnen Schafwolle sortieren. Es sei ihm darauf bedeutet worden,dass vielleicht 75 Kg vorhanden seien, im ganzen Kreisgebiet gegebenenfalls einige hundert Kg,aber nicht mehr.Der Herr sei darauf ganz erstaunt gewesen.Er wies seine Unterlagen vor,wonach im Armeebereich 1.5 Millionen Schafe vorhanden seien.Man habe sich in Berlin ausgerechnet,dass davon in Brjansk etwa 75 Tonnen Wolle angefallen seien.

Dieses Beispiel zeige doch,dass man sich auf falsche Unterlagen stütze,denn tatsächlich seien im Ganzen etwa 3.000 Schafe vorhanden,KVRt.Dr.Schneider meinte,dass er sich lebhaft vorstellen könne,dass auf Grund solcher Zahlen dann auch das 'Urlauberpaket' beschlossen worden sei,während hier die Bevölkerung bis aufs Letzte ausgepresst werden müsse. Es sei durchweg auf 5 bis 6 Familien nur noch eine Kuh vorhanden,und doch drohe wieder eine Abgabe von Kühen.Je Kuh müssen ausserdem 2 Liter Milch abgegeben werden,sodass für die Säuglinge kaum etwas übrig bleibt. Um für die Säuglinge zu sorgen,habe zwar die Armee in der Verwaltungsverordnung Nr.9. die zusätzliche Abgabe eines Drittel Liters Milch täglich von den Stadtkühen verfügt,dies sei aber undurchführbar,da die Kühe zur jetzigen Jahreszeit diese Milchleistung nicht erreichen.

Es scheint mir nach diesem Gespräch,dass es nötig ist,die Zahlenunterlagen nachzuprüfen,nach denen die Abgaben festgesetzt werden. -

Vielleicht unterhalten Sie sich selbst einmal mit dem FVRt Dr.Schneider.

Auf Grund dieses Schreibens und auf Grund von Beschwerden aus Brjansk und O-Grad und dem Bericht der russischen Selbstverwaltung, dass die Eigentümer der Kühe begannen, die Tiere zu schlachten, [redacted] schrieb ich an das zuständige Wirtschafts.-kommando. [redacted] Als Antwort erhielt ich folgenden bezeichnenden Brief:

"Das Milchablieferungssoll 1942/43 erscheint mit je 2oo Ltr. je Kuh und Jahr festgesetzt und den Kreislandwirten bekannt gegeben. Soweit in den Städten die Ortskommandanturen zusätzliche Auflagen machen, werden diese auf die Kriegsabgabe nicht angerechnet.

Auf Grund der in Urschrift zurückfolgenden beiden Milchablieferungsscheine sind in O-grad 5oo Ltr.Milch zur Ablieferung gekommen. Hierzu ist zu bemerken, dass eine über das sehr niedrig angesetzte Milchablieferungssoll hinausgehende Milchabgabe, als freiwillig zu bezeichnen ist, welche bei richtiger Handhabung der erlassenen Anordnungen und Bestimmungen niemals zum Entstehen einer Misstimmung unter den Landeseinwohnern führen kann. Im übrigen handelt es sich nach einer Mitteilung des Gebietslandwirts in Brjansk um einen gutreichenden Kuhbestand, sodass die freiwillige Ablieferung auch aus diesem Grunde gerechtfertigt wird.

I.A. gez.Heim, Hauptmann." +)

[redacted] In einem Bericht an den [redacted] Korück [redacted] ich mich darüber beschwert, dass dieser Hauptmann Heim sich nicht entblödete, von einer 'freiwilligen Ablieferung' zu sprechen, während die Abgabe [redacted] rigoros [redacted] eingetrieben wurde. Daraufhin wurde endlich das Ablieferungssoll auf ein erträgliches Maß gesenkt.

+) Originale der beiden Schreiben im Archiv des Autors

Am 26.10.42 wurde Boris Grischuk, russischer Kriminalbeamter in Brjansk von der russischen Kriminalpolizei unter Aufsicht des SD verhaftet. Dabei wurde eine Haussuchung durchgeführt, bei der der SS-Oberscharführer Scherer der Frau des G., die Ärztin in der russischen Poliklinik ist, 20 m Stoff verschiedener Art, darunter 11 m Bettleinen, wegnahm. Eine Quittung stellte er der Frau nicht aus.

Von Olt. Raatz, Ic-Bearbeiter bei Korück 532 darüber befragt, erklärte Sch.:

Bei jeder Verhaftung muss eine Haussuchung vorgenommen werden. Es besteht die Vorschrift, dass dabei alle Gegenstände zu beschlagnahmen sind, von denen nicht glaubhaft nachgewiesen werden kann, dass sie dem Betreffenden gehören. Aus diesem Grunde wurde auch der Stoff beschlagnahmt. Aus langer Praxis habe er schon den Blick dafür, was unrechtmässig erworben oder Plünderungsgut sei. Eine Quittung werde in solchen Fällen nur auf Verlangen ausgestellt. Wenn es sich herausstelle, dass der Verhaftete unschuldig sei, so erhalte er keineswegs die beschlagnahmten Gegenstände zurück. Das sei ja ein ganz anderes Verfahren. Erst wenn er nachweise, dass er die Gegenstände rechtmässig erworben habe, erhalte er sie zurück.

Darauf legte Olt. Raatz folgende Fragen vor: Der Arbeiter K. wird verhaftet. In seiner Wohnung befinden sich 10 Schaffelle. Er versichert, die Felle von seinem Onkel G. aus dem Dorf X erhalten zu haben. X ist aber von Partisanen niedergebrannt, der Onkel erschossen worden. Beschlagnahmen Sie die Felle? – Jawohl, erwiderte Sch., das ist kein glaubhafter Nachweis. –

Nach meiner Meinung ist es nicht Sache des Sicherheitsdienstes, den Eigentumsverhältnissen der Bevölkerung nachzuspüren. Er hat wichtigere Aufgaben. Wo es sich um Plünderungsgut im grossen Ausmass handelt, ist Beschlagnahme gerechtfertigt, aber es muss eine Grenze geben, und die ist bei 20m Stoff verschiedener Art weit überschritten. Es entsteht bei der Bevölkerung sofort der Verdacht persönlicher Bereicherung, vor allem, wenn keine Quittung ausgestellt wird. Die GPU hat nach solcher Methode gearbeitet, heisst es dann, und die Deutschen sind nicht besser.

Sdf. Stahl hat den Fall persönlich nachgeprüft. Ich war bei den Gesprächen zwischen Olt. Raatz und Oberscharführer Scherer anwesend.

Heil Hitler!

gez. Schuster, Olt.

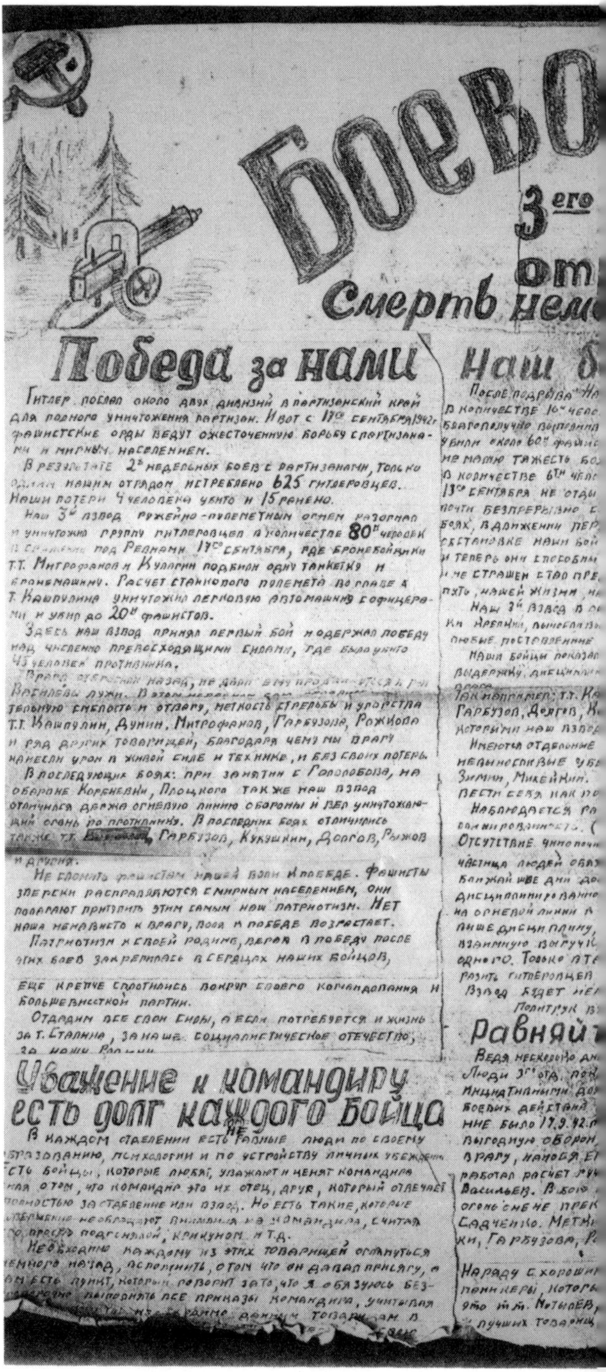

Боево…

3его

от…

Смерть нем…

Победа за нами

Гитлер послал около двух дивизий в партизанский край для полного уничтожения партизан. И вот с 17го сентября 1942г фашистские орды ведут ожесточенную борьбу с партизанами и мирным населением.

В результате 2х недельных боев с партизанами, только одним нашим отрядом истреблено 625 гитлеровцев. Наши потери 4 человека убито и 15 ранено.

Наш 3й взвод ружейно-пулеметным огнем разогнал и уничтожил группу гитлеровцев в количестве 80ти человек в сражении под Ревнами 17го сентября, где бронебойщики т.т. Митрофанов и Кулагин подбили одну танкетку и бронемашину. Расчет станкового пулемета во главе с т. Кашпулина уничтожил легковую автомашину с офицерами и убил до 20ти фашистов.

Здесь наш взвод принял первый бой и одержал победу над численно превосходящими силами, где было убито 45 человек противника.

Враг отброшен назад, не дали ему продвинуться к … Васильевы лужи. В этом … тельную смелость и отвагу, меткость стрельбы и упорства т.т. Кашпулин, Дунин, Митрофанов, Гарбузова, Рожкова и ряд других товарищей, благодаря чему мы врагу нанесли урон в живой силе и технике, и без своих потерь.

В последующих боях: при занятии с Гололобова, на обороне Корбневки, Площкого также наш взвод отличился держа огневую линию обороны и вел уничтожающий огонь по противнику. В последних боях отличились также т.т. [redacted], Гарбузов, Кукушкин, Долгов, Рыжов и другие.

Не сломить фашистам нашей воли к победе. Фашисты зверски расправляются с мирным населением, они полагают притупить этим самым наш патриотизм. Нет наша ненависть к врагу, воля к победе возрастает.

Патриотизм к своей родине, вера в победу после этих боев закрепилась в сердцах наших бойцов,

еще крепче сплотились вокруг своего командования и большевистской партии.

Отдадим все свои силы, а если потребуется и жизнь за т. Сталина, за наше социалистическое отечество, за нашу Родину.

Уважение к командиру есть долг каждого бойца

В каждом отделении есть не равные люди по своему образованию, психологии и по устройству личных убеждений. Есть бойцы, которые любят, уважают и ценят командира, зная о том, что командир это их отец, друг, который отвечает полностью за отделение или взвод. Но есть такие, которые … не обращают внимания на командира, считая его просто подгонялой, крикуном и т.д.

Необходимо каждому из этих товарищей оглянуться немного назад, вспомнить, о том что он давал присягу, а там есть пункт, который говорит за то, что я обязуюсь беспрекословно выполнять все приказы командира, учитывая …

Wandzeitung der Partisanen mit der Überschrift »Tod den deutschen Okkupanten«

4 октября 1942 года

…листок

№ 4

…а

…оккупантам

Слава погибшим героям

После героической смерти наших боевых друзей славного боевого командира тов. Берестнева Петра Федотьевича и старшины тов. Подымалкина Андрея Петровича, бойцы и командиры отделений нашего взвода в траурную минуту дали клятву беспощадно мстить кровавым псам-гитлеровцам. Они взяли на себя обязательство еще теснее сплотиться вокруг Ленинско-Сталинской большевистской партии нашего вождя тов. Сталина.

Командир 3го отделения т. Телешев заявил: за преждевременную смерть, при выполнении боевого задания, нашего командира т. Берестнева П.Ф. я со своим отделением буду громить врага не щадя своего здоровья и жизни, везде и всюду, днем и ночью буду уничтожать кровавых фашистских собак.

Так случилось 12.9.42 г., группой во главе т. Берестнева и Подымалкина был спущен под откос поезд с живой силой и техникой противника. Т. Берестнев, патриот родины, решил на второй день пустить под откос вражеский эшелон. На второй день т.е. 13.9.42 г. решили пустить еще один поезд и вот при закладке неизвлекаемой мины под шпалы постиг несчастный час, мина взорвалась в руках двух наших товарищей, Берестнева П.Ф. и Подымалкина, которые здесь же героически погибли на Гомельской дороге. Слава о них как о героях войдет в историю партизанской борьбы.

13го сентября 1942 года.
Утром рано шли друзья
К поезду поближе для его разгрома
Первый вражеский эшелон разгромив без горя
При попытке второго потеряв героя
Пал ты Петя Берестнев, сын отважных храбрецов
Пал ты смертью роковой —
Ведь ты же славный наш герой.
За тебя мы отомстим,
Твое имя будем славить,
Немчуре мы не простим
С нами будет твоя память.
Погиб вместе и Андрей Петрович
Ведь вы наши все друзья,
Скорей к победе общей
[illegible] ни как нельзя.
Прощайте-же Андрей и Петя
С нами вас нет уже на свете
Настал наш час общий и млад и дед,
Как вод[illegible] бьется весь
И сталь и воздух мы разрежем
И славу пронесут
Сколько раньше было побед
Итрава побед мы одержим.
Спите же вы герои
Погибли вы на славной посту
Соберу я все силы перед боем
И грозу фашистам за все стоицу

[illegible]

…путь.

…рета наша группа … полностью, … мост взорвали и … ста. В этой операции … со своей группой … этой операции … в борьбу с фашистами … настоящее время я … В этой боевой … как молоды … не взгляды, трудности … нистский суровый … низмом.

… ямени здоров, физиче… дальнейшем выполнять … задачи.

… к године, восстан… и меткость развито.

… Митрофанов, Нику… … нин, Савченко и … будет гордиться.

… е и такие, которые … ны, Ергамир, … и просто не желающ… партизану. … хлябанность, недисци… … ринтенов и др.) … анна, эта незначительна … лед, что они в … довых в области … храбрости и выдерж… фашистами. Еще … ть, сплоченность, … ип за всех, все за … будет и в дальней…

…вов.

…ередовым

… чистыми садистами … енными, смелыми, … и. Много хороших … Первое боевое крещ… ы. 3е отд. занял … вный огонь по … силе. Здесь хорошо … Нестеров, Вуцин и … ин и Васильев, но … ботал минометчик … ели. Бойцы-девуш… … е были ранены.

… его отд. есть и трусы, … е в числе от своих, … о учиться тому … т и все хорошее. … шев.

Das Winterwappen
der
„Eis"-Bärendivision

Text des Pawlowschen Memorandums (11. 2. 1943)

»Es ist eigenartig, daß die deutsche Führung in der Einsetzung einer Gegenregierung eine Gefahr sieht. Eine solche Regierung könnte die Verwaltung in den besetzten Gebieten übernehmen und eine Armee schaffen, die Schulter an Schulter mit den deutschen Soldaten zur endgültigen Vernichtung des Bolschewismus eingesetzt werden könnte. Eine russische Regierung ist dazu notwendig, weil das russische Volk die Überzeugung gewinnen muß, daß die deutsche Armee nicht gekommen ist, um das Land zu erobern, sondern um es vom Bolschewismus zu befreien. Man muß sich erinnern, daß das russische Volk in seiner Mehrheit keinen Krieg mit den Deutschen wollte und daß zu Beginn ganze Einheiten den Kampf einstellten; nur war es ein Fehler der Deutschen, diese Gefangenen unfreundlich zu empfangen. Wenn den russischen Soldaten bewiesen werden könnte, daß sie nicht mehr so empfangen werden wie zu Beginn des Krieges, und wenn es hier eine russische Regierung zu ihrem Schutze gäbe – sie würden sich ergeben wie zuvor«

Ähnliche Memoranden verfaßten mehrere Vertreter der russischen Selbstverwaltung. So Axjónow, der Rayonchef des Ostrow-Gebietes und Professor Soschálski.

Originalbrief Jan Gurow

Многоуважаемый господин Зондерфюрер!
[illegible]
Простите за беспокойствие, которое я вам
навязываю этим письмом и прошу Вас, как
человека, прочесть его.
После допроса, который Вы мне делали в присутствии
обер-лейтенанта, я понял и по Вашему разговору
и обращению что в Вас я не должен видеть
врага и что ценнее, то что Вы на меня абсо-
-лютно не смотрели, как на врага.
Ваше поведение, отношение ко мне и суть
Вашей речи заставили меня серьезно задуматься
почему ко мне, хотя я должен рассматриваться,
как преступник, который хотел совершить свое
(черное зло) такое отношение. Понятно мое
настоящее положение очень способствует всяким
мыслям и наталкивает на пересмотр своей
жизни и действий – их правильности
и целесообразности.
Особенно пришлось мне подумать почему ~~Герм~~
Германцы оказывают столько великодушия
и человечества врагам своим и сравнить
что бы большевики сделали в таком случае.
И разница выходит на лицо – в пользу Германцев.
Со мной находятся здесь заключенные, которые
в советское время пребывали в конц-лагерях
и на ссылке томились по 10 лет за ничто.
Эти люди мне доподлинно рассказали

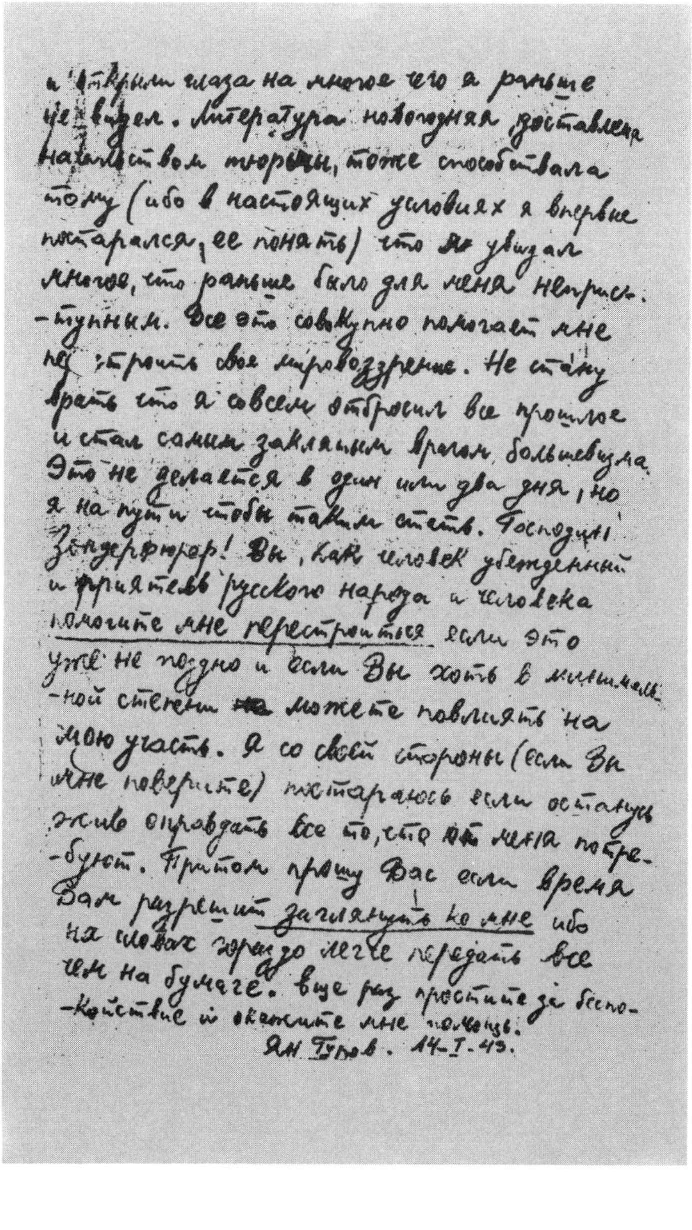
и открыли глаза на многое чего я раньше
не видел. Литература новогодняя доставлена
начальством творчески, тоже способствовала
тому (ибо в настоящих условиях я впервые
постарался ее понять) что я увидал
многое, что раньше было для меня недос-
-тупным. Все это совокупно помогает мне
перестроить свое мировоззрение. Не стану
врать что я совсем отбросил все прошлое
и стал самым заклятым врагом большевизма.
Это не делается в один или два дня, но
я на пути чтобы таким стать. Господин
Зондерфюрер! Вы, как человек убежденный
и приятель русского народа и человека
помогите мне перестроиться если это
уже не поздно и если Вы хоть в минималь-
-ной степени можете повлиять на
мою участь. Я со своей стороны (если Вы
мне поверите) постараюсь если останусь
жив оправдать все то, что от меня потре-
-буют. Притом прошу Вас если время
Вам разрешит заглянуть ко мне ибо
на словах гораздо легче передать все
чем на бумаге. Еще раз простите за беспо-
-койство и окажите мне помощь.
Ян Тупов. 14-I-43.

V e r e i n b a r u n g

zwischen der Regierung des Grossdeutschen Reiches und dem Präsidenten des Komitees zur Befreiung der Völker Russlands Generalleutnant A.A. W l a s s o w .

Die Regierung des Grossdeutschen Reiches, vertreten durch das Auswärtige Amt, schliesst mit dem Präsidenten des Komitees zur Befreiung der Völker Russlands, Generalleutnant Wlassow, nachstehende Vereinbarung:

1.) Die Regierung des Grossdeutschen Reiches stellt dem Komitee zur Befreiung der Völker Russlands die für den Freiheitskampf gegen den gemeinsamen Feind, den Bolschewismus, erforderlichen Geldmittel kreditweise zur Verfügung.

2.) Zu diesem Zweck wird dem Komitee zur Befreiung der Völker Russlands bei der Reichshauptkasse ein Konto eröffnet.

Zu Lasten dieses Kontos werden die für den unmittelbaren Finanzbedarf des Komitees zur Befreiung der Völker Russlands jeweils erforderlichen Beträge aus Reichsmitteln bereitgestellt.

Ferner werden auf dem Konto die für den Bedarf des Komitees zur Befreiung der Völker Russlands von deutschen Dienststellen gemachten Aufwendungen, soweit sie im Rahmen der Aufgaben des Komitees zur Befreiung der Völker Russlands liegen, in Rechnung gestellt.

Über die Abgrenzung der Kredithöhe behält sich die Regierung des Grossdeutschen Reiches ihre Entscheidung vor.

3.) Der Präsident des Komitees zur Befreiung der Völker Russlands ernennt einen zeichnungsberechtigten Finanzbevollmächtigten, der über die jeweils zur Verfügung gestellten Mittel verfügt und für das Finanzgebaren des Komitees zur Befreiung der Völker Russlands verantwortlich ist.

4.) Das Komitee zur Befreiung der Völker Russlands verpflichtet sich zur Rückzahlung des Kredits aus russischen Werten und Guthaben, sobald es in der Lage sein wird, darüber zu verfügen. Im übrigen bleiben über Tilgung und Verzinsung entsprechende Vereinbarungen vorbehalten.

5.) Diese Vereinbarung tritt rückwirkend mit dem 1.Dezember 1944 in Kraft.

Geschehen in doppelter Urschrift in deutscher und russischer Sprache in Berlin am 18.Januar 1945.

Für das Auswärtige Amt:

Für das Komitee zur Befreiung der Völker Russlands:

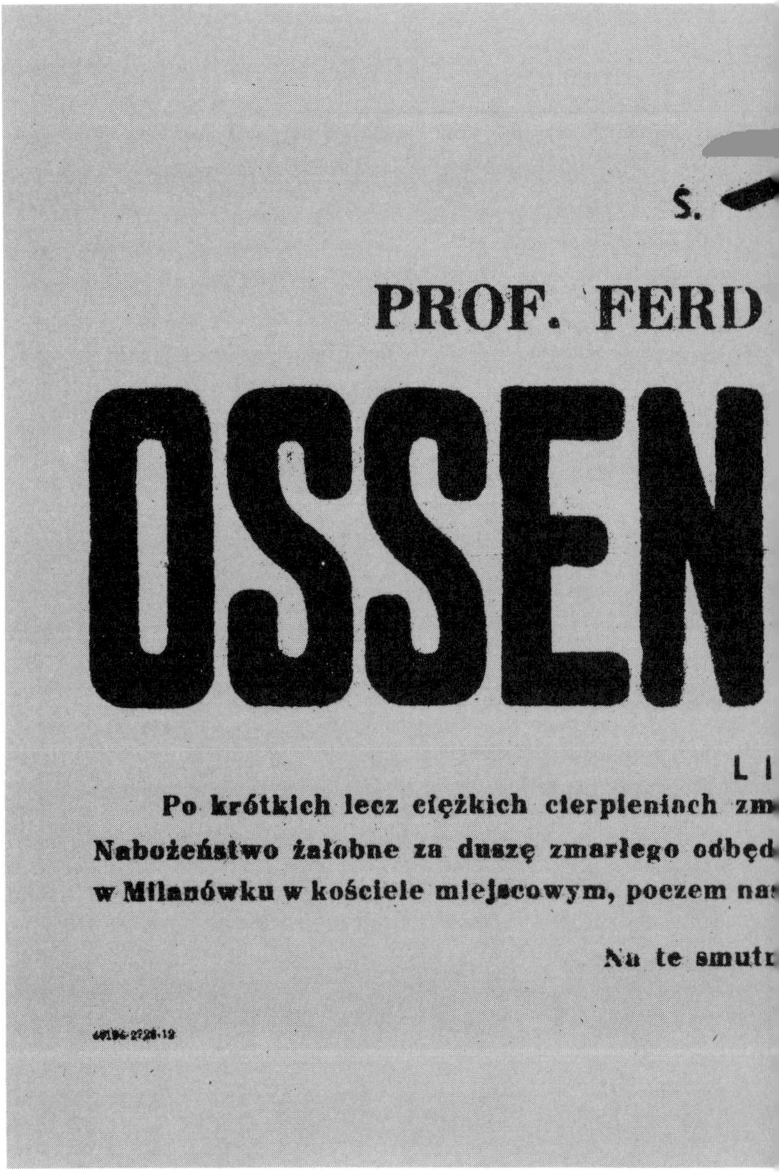

Ś.

PROF. FERD

OSSEN

L I

Po krótkich lecz ciężkich cierpieniach zm

Nabożeństwo żałobne za duszę zmarłego odbęd

w Milanówku w kościele miejscowym, poczem na

Na te smutn

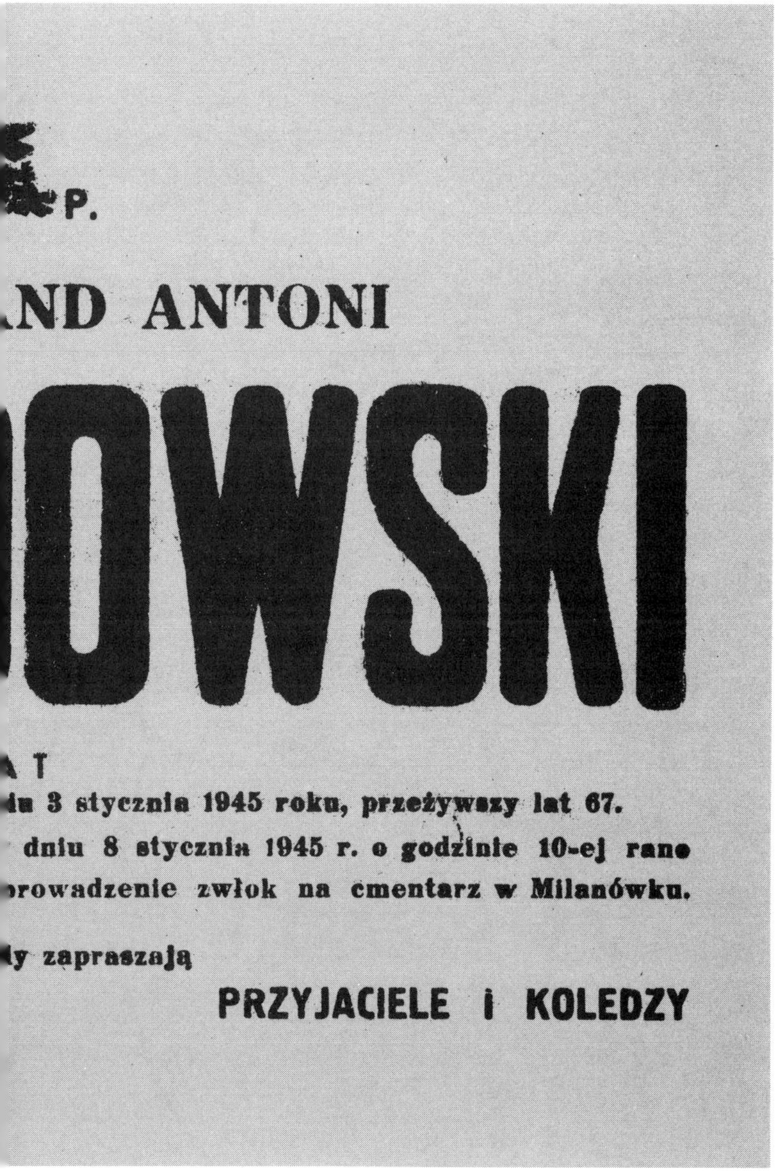
P.

ND ANTONI

OWSKI

T

iu 3 stycznia 1945 roku, przeżywszy lat 67.

dniu 8 stycznia 1945 r. o godzinie 10-ej rano

rowadzenie zwłok na cmentarz w Milanówku.

y zapraszają

PRZYJACIELE i KOLEDZY

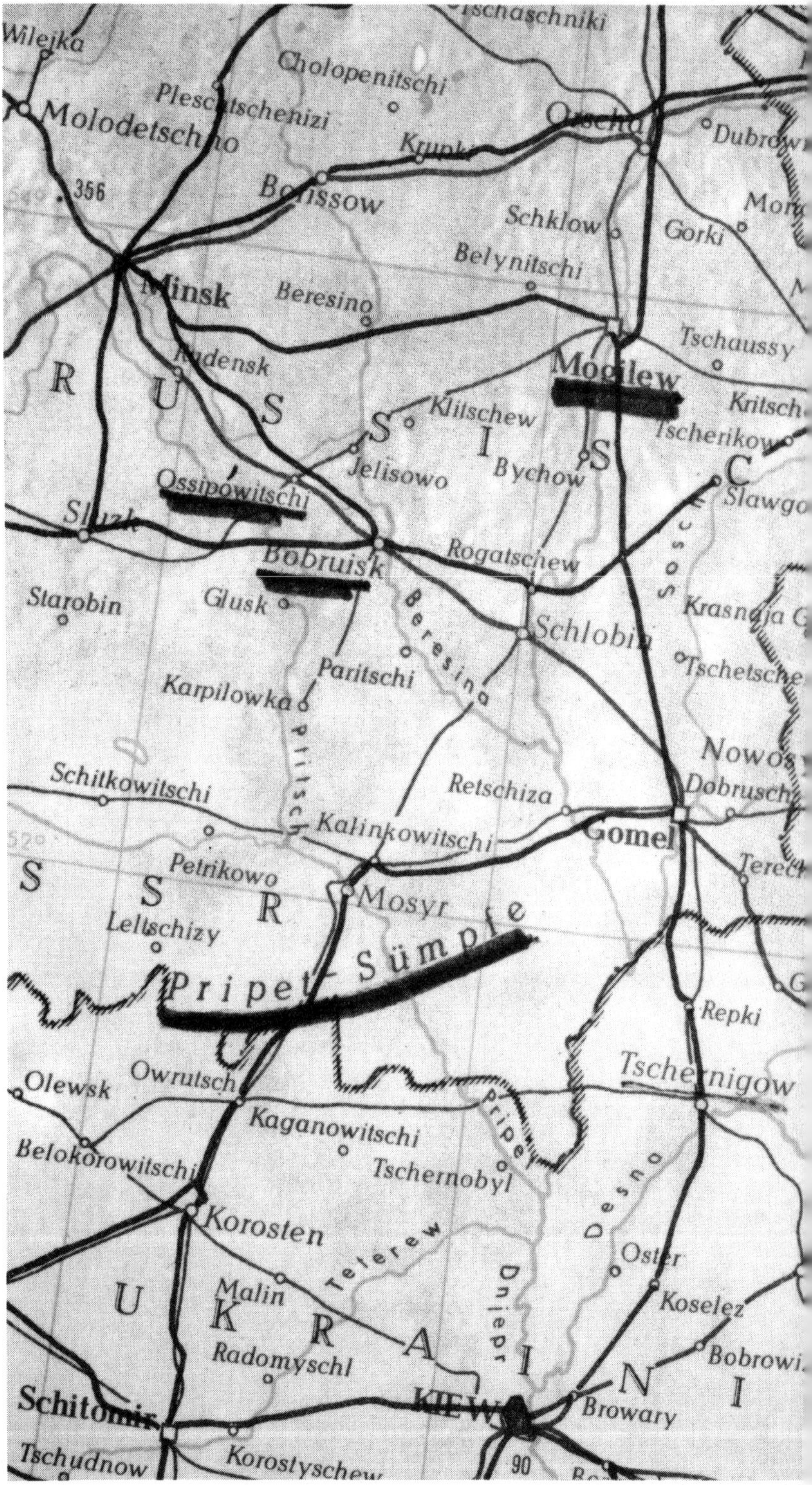
Wilejka
Cholopenitschi
Molodetschno
Krupki
Orscha
Borissow
356
Schklow
Gorki
Belynitschi
Minsk
Beresino
Tschaussy
Rudensk
Mogilew
Klitschew
Tscherikow
Jelisowo
Bychow
Ossipowitschi
Sluzk
Bobruisk
Rogatschew
Starobin
Glusk
Beresina
Schlobin
Paritschi
Karpilowka
Ptitsch
Schitkowitschi
Retschiza
Kalinkowitschi
Gomel
Petrikowo
Mosyr
Leltschizy
Pripet-Sümpfe
Repki
Tschernigow
Olewsk
Owrutsch
Kaganowitschi
Pripet
Belokorowitschi
Tschernobyl
Desna
Korosten
Teterew
Oster
Malin
Dnjepr
Koselez
Radomyschl
Schitomir
KIEW
Browary
Tschudnow
Korostyschew
90
R U S S I S C
S S R
U K R A I N I

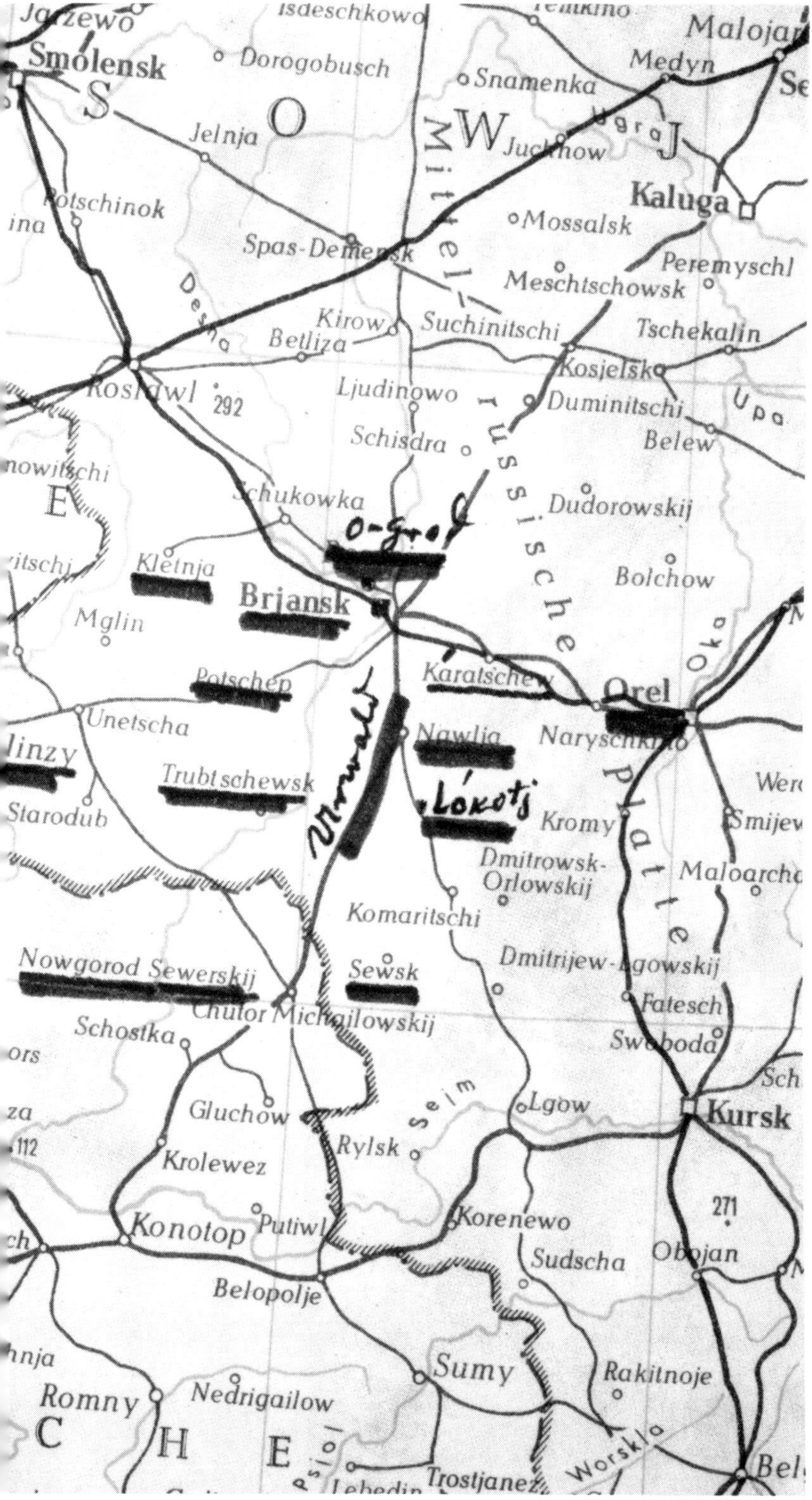Smolensk
Dorogobusch
Snamenka
Medyn
Jelnja
Juchnow
Ugra
Kaluga
Potschinok
Mossalsk
Spas-Demensk
Peremyschl
Meschtschowsk
Desna
Kirow
Suchinitschi
Tschekalin
Betliza
Kosjelsk
Roslawl
292
Ljudinowo
Duminitschi
Upa
Schisdra
Belew
Schukowka
Dudorowskij
Kletnja
Bolchow
Brjansk
Mglin
Oka
Potschep
Karatschew
Orel
Unetscha
Nawlja
Trubtschewsk
Kromy
Starodub
Dmitrowsk-Orlowskij
Komaritschi
Dmitrijew-Lgowskij
Nowgorod Sewerskij
Sewsk
Fatesch
Chutor Michailowskij
Schostka
Swoboda
Gluchow
Lgow
Kursk
Seim
Rylsk
Krolewez
271
Korenewo
Konotop
Putiwl
Sudscha
Obojan
Belopolje
Sumy
Rakitnoje
Romny
Nedrigailow
Worskla
Trostjanez
Psiol
Mittelrussische Platte
S O W J E
C H E

Personenregister

Ortsregister